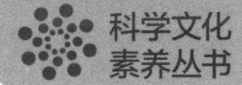

科学文化素养丛书

总主编 俞鸿儒 姚 克

解读新发现

本册主编 赵宏洲 罗兴波

浙江教育出版社·杭州

科学文化素养丛书编委会

总 主 编：俞鸿儒　姚　克

副总主编：郑金平　陆　锦

编　　委：尹传红　汪光年　周　俊

　　　　　　赵宏洲　龙爱民　王屹峰

　　　　　　罗兴波　王　聪　敖妮花

　　　　　　何黎峰　龙华东　王闰强

　　　　　　王海波　王英伟

本册主编：赵宏洲　罗兴波

前言

"科学文化素养丛书"是一套解读科学新发现、反映当代科学研究成果的丛书。丛书为由浙江省科学技术协会牵头相关部门(单位)合力打造的浙江科学文化工程重点项目,中国科学院、浙江省科普作家协会等提供了大力支持。丛书共分五册,聚焦"科学谣言""身边的科学""黑科技""科学新史话""科学新发现"五个话题。

出版本套丛书旨在让读者开阔眼界、增长知识,提升对科学文化的认知。科学文化不仅包括科学知识和科学方法,还包括科学精神和科学思想,后者又可理解为对科学认识的一种积淀。丛书通过科学探索、发现和创造的过程告诉我们,世界上没有一成不变的东西,科学探索永无止境。

以"科学新发现"这个话题为例,说到近几年的重大科学发现,大家会想到引力波。从1916年爱因斯坦预言引力波的存在到2014年的近百年间,引力波一直无法被直接探测到。2016年2月11日,激光干涉引力波天文台(LIGO)宣布,该台于2015年9月14日直接探测到一个来自13亿光年之外的黑洞与黑洞并合产生的引力波。2017年10月3日,LIGO的3位科学家韦斯、索恩与巴里什共同获得了2017年的诺贝尔物理学奖。2017年10月16日,LIGO宣布探测到1.3亿光年之外的一对中子星并合发出的引力波。同一时刻,世界上其他

十几个机构（如美国宇航局、欧洲南天天文台、中国科学院紫金山天文台和清华大学等）也宣布探测到了伴随这次引力波的γ射线暴、光学暂现源（千新星）以及抛射物与星际介质碰撞后激发出的X射线辐射与射电辐射。可以说，这是举世瞩目的重大科学发现。

但这并不是终结，这种发现每时每刻都有。美国的丹尼尔·J.布尔斯廷在《发现者》一书中开宗明义地指出，"我们现在所观察到的世界，即时间、陆地与海洋、天体与人体、植物与动物、历史与古往今来的人类社会等景象，只能是由无数的'哥伦布'为我们揭示的"。正是这些源源不断的发现，不断地扩充我们的知识版图，刷新我们的认知，改变我们的生活，塑造我们的未来。同时这些发现也告诉我们，这是一个没有结尾的故事，不仅整个世界仍是新大陆，还有更多的宇宙黑洞等待着人类去发现、去认知，这是一项永远在路上的事业。从这个意义上说，科学文化就是推动人类对世界万物的认识的土壤，这块土壤越肥沃，科学探索、发现和创造的成就会越大，这也是国家要提高全民科学文化素养的原因之一。

本套丛书内容权威，作者主要是来自中国科学院各个研究所的科技专家，其中大部分是青年科技人员，他们对专业知识的解读更科学、更准确、更权威。在很长一段时间里，人们总以为科普只要做到知识的通俗化就可以了。这种理解是不科学、不全面的，导致了一些科普图书为了噱头东拼西凑，割裂知识的完整性，还导致了某些打着科普旗号的非科学、伪科学的流行。近年来，科学传播越来越受到人们的重视，虽然科普方式十分重要，但其内容永远是根本。为了保证知识的权威性，科学家应成为科普的主力军，科学家在探索未知、创造新知识的同时，还应该向大众传递自己对科学探索的热情以及取得新发现时的兴奋之情，构筑科学与大众之间的桥梁。

本套丛书在可读性、趣味性方面也进行了有益的尝试，希望能让读者领略到科学文化之美。

丛书编委会

2019 年 8 月

目录

第一部分 发现史前生物

1. 新发现的亿年前昆虫，究竟有多"恐怖" / 3
2. 化石发现：鸟类的尾骨和尾羽竟然是分开演化的 / 8
3. 科学家用1万年前的微体化石，揭开了水稻起源之谜 / 14
4. 飞出恐龙的阴影——侏罗纪滑翔哺乳动物新发现 / 20
5. 中国科学家还原2亿年前蛾类昆虫化石真实色彩 / 26

第二部分 发现生命新领域

6. 重磅消息！科学家培育出全球首例神经疾病模型猪 / 35
7. 中国科学家发明让细胞"返老还童"的新型"魔法药水" / 41
8. 肠道微生物与过敏和哮喘的恩恩怨怨 / 46
9. 回家，人与鸟有着诸多惊人的相似 / 50

第三部分 发现宇宙新奥秘

10 黑子"消失",新一轮"冰河期"要来了吗 / 59

11 比手机频率高出 1000 倍的宇宙辐射能量,是怎样存在的 / 65

12 钱德拉望远镜对银河系外曝光七百万秒,它究竟在拍什么 / 70

13 "悟空"火眼金睛,洞察宇宙奥秘 / 74

14 全世界望远镜共同见证双中子星合并,多信使天文学时代正式开启 / 81

15 中国人第一次用自己的望远镜找到新脉冲星!500 米口径球面射电望远镜首秀实力不俗 / 88

第四部分 发现新技术

16 钙钛矿太阳能电池：其实我不含钙，也不含钛 / 97

17 我是谁？我是黄连，我居然能改善脂肪肝以及肥胖症状 / 103

18 熄灯一小时就是环保？能用体温发电的薄膜你了解吗 / 107

19 室温超导体来了 / 112

20 科学家，怎么对表 / 120

21 太空快递谁来送？世界货运飞船大盘点 / 124

第一部分
发现史前生物

第一部分
发现史前生物

1. 新发现的亿年前昆虫,究竟有多"恐怖"

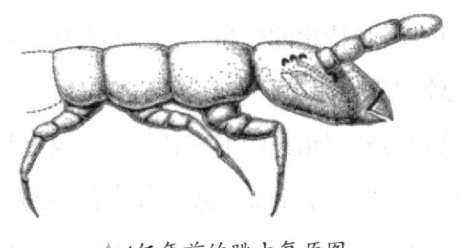

●4亿年前的跳虫复原图

故事要从跳虫说起,跳虫起源很早,它是最早出现在陆地上的六足动物之一。

现今已知的最古老的跳虫化石发现于距今约4亿年前的泥盆纪早期莱尼燧石中。此外,在中生代、新生代的琥珀生物群中也发现了种类多样的跳虫化石。

千万别小瞧这些跳虫,它们比人类在地球上出现的时间早多了……小小的跳虫,以其娇小玲珑的身材、敏捷的身手,跳遍了世界各大洲。它们是不是很厉害?

然而,当它们遇到了"掠食者",即我们今天要介绍的主人公——苔甲的时候,一场血雨腥风的生死之战即将展开。

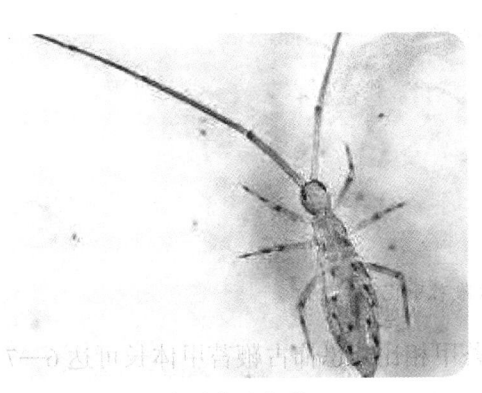

●现生跳虫图

"恐怖掠食者"——恐怖古鞭苔甲

苔甲是一种以螨虫等为食的昆虫，样子有点像蚂蚁。现生苔甲族隶属于隐翅虫科下的苔甲亚科，是苔甲的一个主要类群，物种数超过750个。长期以来，推测苔甲族的起源时间是研究人员面临的一个难题。

中国科学院南京地质古生物研究所博士蔡晨阳、研究员黄迪颖和上海师范大学副教授殷子为、教授李利珍，在白垩纪中期的缅甸琥珀中，发现了一类形态极其特化、专性捕食跳虫的苔甲的化石。这类苔甲，在分类上属于隐翅虫科、苔甲亚科、鞭苔甲族。由于具有极其特化的触角、口器和鞘翅等特征，这种苔甲成为一种新的属种——恐怖古鞭苔甲。

从理论上来说，昆虫一般具有与其行为密切相关的形态特征。对这些特化的形态特征的阐释，可以揭示昆虫的某些行为特征。恐怖古鞭苔甲的发现，既揭示了早期苔甲特化的形态特征与专性捕食跳虫的行为相适应的现象，也加深了人们对早期陆地生态系统中捕食者与被捕食者之间演化关系的认识。

为什么研究人员会给这类昆虫起"恐怖古鞭苔甲"这么恐怖的名字呢？

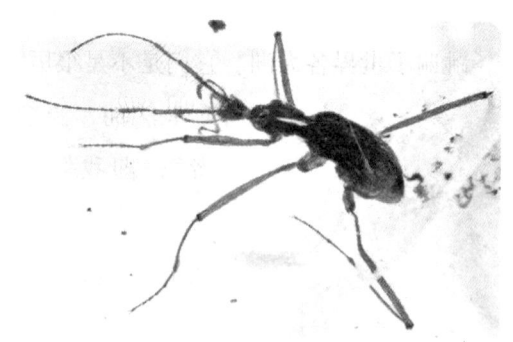

恐怖古鞭苔甲化石

与体长一般为1—3毫米的现生苔甲相比，恐怖古鞭苔甲体长可达6—7毫米，体型"超大"；同时，研究人员通过对化石中苔甲触角的细节特征的分析以及与现生毛角步甲习性的对比，推测这类白垩纪苔甲很有可能具有与毛角步甲类似的捕食跳虫的行为。这类苔甲又生活在远古时代，属于鞭苔甲族，所以研究人员把它称为"恐怖古鞭苔甲"。

恐怖古鞭苔甲捕捉跳虫之谜

南京地质古生物研究所内的这粒琥珀长1厘米、宽0.8厘米，形成于1亿年前的白垩纪，里面封存的是一只雌性恐怖古鞭苔甲，其体长足有7毫米，是迄今为止发现的体型最大的苔甲。这对于体长仅仅1—3毫米的现生苔甲来说简直是个"巨无霸"！

琥珀中的恐怖古鞭苔甲化石

恐怖古鞭苔甲下颚须呈棒状，上颚具齿，足超长。更为有趣的是，它的触角极其修长，基部两小节明显加长，且腹部具有两排规律排列的大刚毛，如同两把"鬃毛刷"。触角第一小节和第二小节之间可自由弯曲，当触角第二小节向下弯曲时，第一二小节的"鬃毛刷"便互补，形成由众多大刚毛构成的"触角毛状陷阱"。这是捕捉跳虫的"天罗地网"，跳虫一旦闯入就插翅

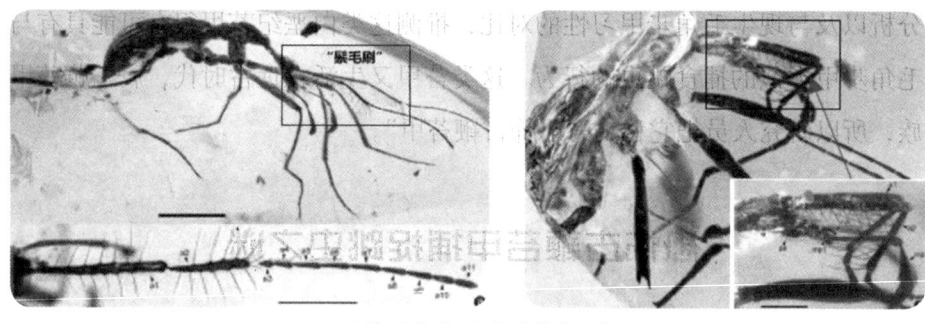

恐怖古鞭苔甲的"鬃毛刷"

难逃。

根据触角第一二小节的"鬃毛刷"形成"天罗地网"的这一特征判断，白垩纪苔甲很有可能具有与现生毛角步甲类似的捕食行为。

虽然现生的苔甲由于某些原因已失去了捕食跳虫的能力（现今的苔甲以捕食慢虫为主，如毛毛虫等），但是根据恐怖古鞭苔甲的特殊形态特征以及现生一类极其特化的步行虫——毛角步甲的特征，研究人员推测：在白垩纪中期，跳虫这一类生物曾是苔甲的主要食物来源，而且苔甲捕食跳虫这一特殊的习性曾一直延续到始新世中期。

后裔——现生鞭苔甲

现生鞭苔甲族的地理分布较为有趣，其间断分布于欧洲和非洲南部。而远古鞭苔甲族化石的分布则更为广泛。之前曾有报道，古鞭苔甲化石发现于始新世波罗的海琥珀中。

最近，在白垩纪缅甸琥珀中也发现了此类群。这极大地扩展了该族的分布范围，同时也揭示其可能经历过严重的灭绝事件，现生分布模式很可能为孑遗分布。至于究竟发生了什么灭绝事件，到目前为止还是一个谜……

据科学家介绍，目前已知特化的跳虫捕食者包含多个类群，包括鞘翅目和膜翅目。

其中，隐翅虫科中的突眼隐翅虫具有特殊的行为——利用可伸缩的下唇捕食跳虫。但这一特化特征仅发现于始新世波罗的海琥珀中。

白垩纪特化苔甲化石的发现将专性捕食跳虫的记录提前了5400万年，是专性捕食跳虫的最早化石记录。这对进一步理解早期生态系统中捕食者与被捕食者之间的演化关系具有重要意义。

作者：盛捷

2. 化石发现：鸟类的尾骨和尾羽竟然是分开演化的

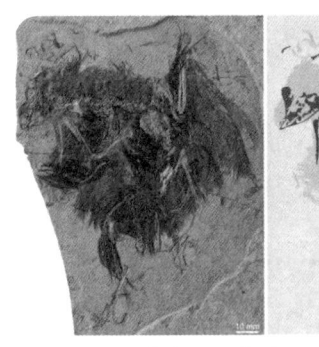

多齿胫羽鸟的原始鸟类化石

左侧是一块化石的图片。它的轮廓看起来很像一只昂首阔步的雄鸡。实际上，该化石来自一种鸟，而且是一种距离我们很遥远、很特别的史前鸟类。

中国科学院古脊椎动物与古人类研究所的王敏、周忠和等在《自然通讯》上报道了一件名为多齿胫羽鸟的原始鸟类化石，就是左上图中展示的这一件。

此前，科学界一直认为，鸟类的尾骨和尾羽是协同演化的。该发现表明，实际情况也许并非如此。

多齿胫羽鸟的化石发现于中国河北早白垩世的花吉营组地层，距今大约1.31亿年。这是目前已知的仅次于始祖鸟（距今大约1.5亿年）的最古老的鸟类化石之一。此前，花吉营组还发现过其他三种鸟类化石。这些化石为研究鸟类的起源和早期演化过程提供了关键的信息。

鸟类的两次辐射演化

鸟类是目前世界上多样性最为丰富的脊椎动物之一，大约有10500个种类，在近1.5亿年漫长的演化历程中，共经历了两次辐射演化，分别发生于中生代的白垩纪和新生代。

白垩纪是鸟类演化的重要阶段。它记录了"鸟类是如何从恐龙演化而来的"这样一个不可思议的生物演化过程。同时，很多对于鸟类演化成功具有重要作用的特征，如羽毛、飞行能力、呼吸和消化系统等，也是在这一时期出现的。

中生代的鸟类可以分为三个大的类群，分别是基干鸟类、反鸟类和今鸟型类。基干鸟类并不是一个自然的分类单元，主要包括始祖鸟、热河鸟、孔子鸟等，它们保留了更多恐龙的特征。今鸟型类是白垩纪最为进步的一个类群，所有的现生鸟类都是从它们演化而来的。反鸟类则是中生代鸟类中最为繁盛的一个支系，其化石在除南极洲外的大陆都有发现。

所有的基干鸟类和反鸟类都在白垩纪末期的生物大灭绝事件中绝灭，仅有少数今鸟型类躲过了灾难，并最终在新生代演化，形成了现生鸟类。

从恐龙到鸟类：尾骨的演化

在系统树上，反鸟类和今鸟型类的亲缘关系最近，互为姐妹类群。它们共同演化了大约6500万年，并各自演化出了大量功能相似的形态特征，以适应环境，其中就包括鸟类尾骨的演化。

恐龙向鸟类演化的过程中，形态特征发生了巨大的变化，其中最为显著的是尾巴的缩短。然而，由于缺失过渡类型的化石，我们对这一巨大的形态变化，特别是现代鸟类的尾骨是如何演化的，了解甚微。多齿胫羽鸟化石的发现，为此提供了重要线索。

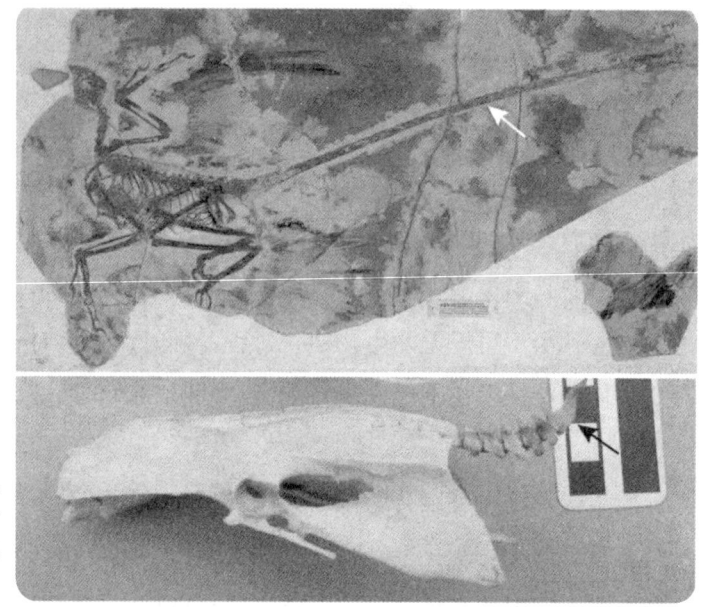

● 恐龙（上图：小盗龙）与现代鸟类尾骨（下图：珠鸡）的比较

所有现生鸟类都失去了恐龙的长尾巴，取而代之的是一块细小的尾骨。它由多达10枚的尾椎骨愈合而成，被称为尾综骨。尾综骨的末梢向背侧弯曲，形似犁状，这样的形态有利于附着肌肉和脂肪，更易于连接羽毛。

多数现生鸟类具有扇状的尾羽。它是由数十根羽毛错落叠覆而成的。随着尾综骨的运动，尾部的羽毛能够改变各自的方位，或者平铺展开成扇状的翼面，或者聚拢成为一束，使得整个尾羽像飞机的舵一样，在鸟类飞行和降落时发挥了重要的空气动力学作用。因此，犁状尾综骨是鸟类特有的形态特征。

犁状尾综骨最早的化石记录仅见于早白垩世的今鸟型类中，其中部分化石还保存有尾羽的痕迹，显示了扇状尾羽的存在。

而在其他原始鸟类中，如反鸟类、孔子鸟、会鸟等，尾骨虽然缩短而成为尾综骨，但其形态却完全不同于犁状。这些鸟类的尾综骨为长杆状，是尾骨缩短的结果，没有进一步的形态变化，所以这些鸟类不能有效控制尾羽。与之对应的是，扇状尾羽很少出现在这些鸟类身上。

● 第一部分　发现史前生物

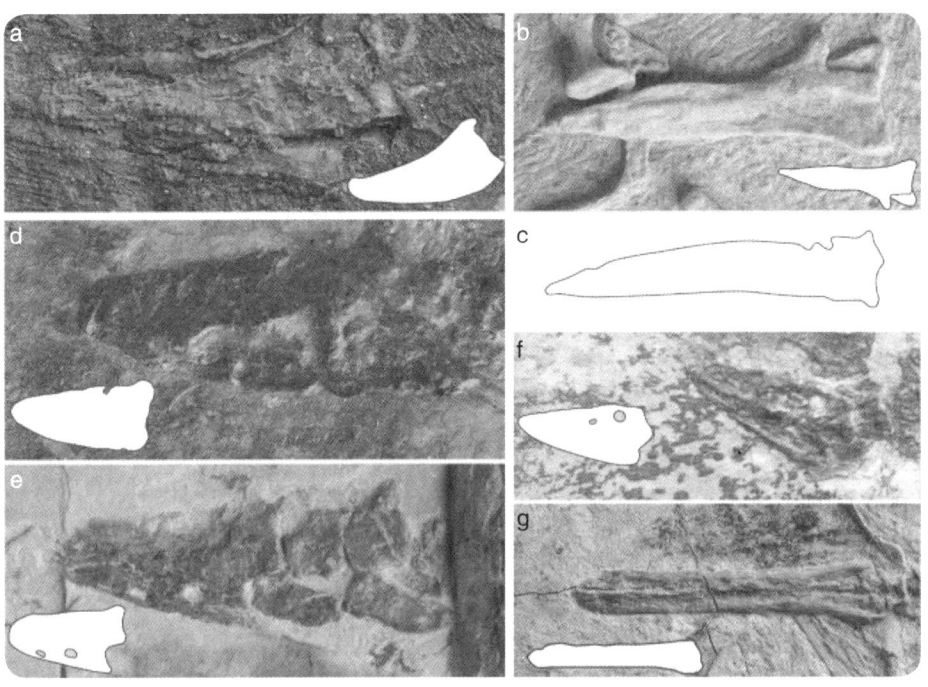

● 原始鸟类尾骨形态比较，揭示尾骨—尾羽的独立演化模式（a. 多齿胫羽鸟；b和c. 其他反鸟类；d—f.早白垩世的今鸟型类；g. 孔子鸟）

由于犁状尾综骨与扇状尾羽总是相伴出现，因此，研究人员长期以来一直认为两者是协同演化的。而多齿胫羽鸟的发现对这一观点提出了挑战。

多齿胫羽鸟保存了和今鸟型类非常相似的犁状尾综骨。这块尾骨细小，相对于身体长度的比例，与今鸟型类接近。更为重要的是，这块尾骨的末端向背侧弯曲，形似犁状。一块犁状尾综骨竟然在反鸟类上出现了。

然而，多齿胫羽鸟并不具有扇状尾羽，由此说明，犁状尾综骨与扇状尾羽是独立演化的。这进一步揭示，在演化的过程中，鸟类的大量特征是平行演化的。

后肢上的奇特羽毛

在多齿胫羽鸟后肢的胫跗骨上，研究人员观察到了一类形态奇特的羽

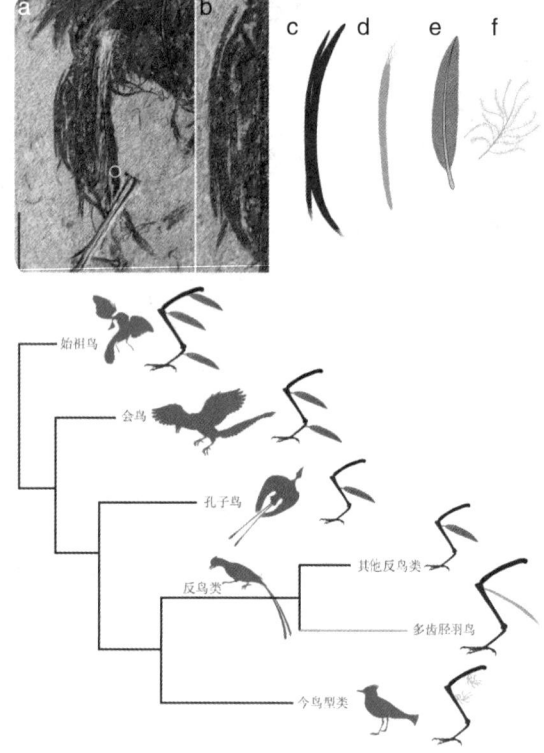

◉ 原始鸟类后肢羽毛的演化（a—d.多齿胫羽鸟的奇特后肢羽毛；e和f.常见的后肢羽毛类型）

◉ 原始鸟类后肢羽毛演化简图

毛。这些羽毛长约12—16毫米，整体呈线状，但是在其最末端却分散出细小的分支。这些细小的末端分支相当于羽毛的羽枝，这些羽枝近端的主要部分愈合成羽轴。

鸟类后肢羽毛并不少见，其形态主要有两种：羽片状和绒羽状。多齿胫羽鸟的后肢羽毛形态不同于所有已知的现生鸟类的羽毛，代表了羽毛演化中一类绝灭的羽毛形态——近端线状且具有丝状的末梢分支。

这种形态奇特的羽毛有什么作用呢？

不同形态的羽毛赋予了它不同的功能。例如，翅膀上的飞羽都是羽片状的，相近的羽毛通过羽小钩紧密地连在一起，形成一个相对封闭的翼面，以便获得更大的空气升力。身体的其他部位有一些绒羽状的羽毛，这些羽毛的羽枝呈发散状，较为蓬松，主要用于身体的保温。

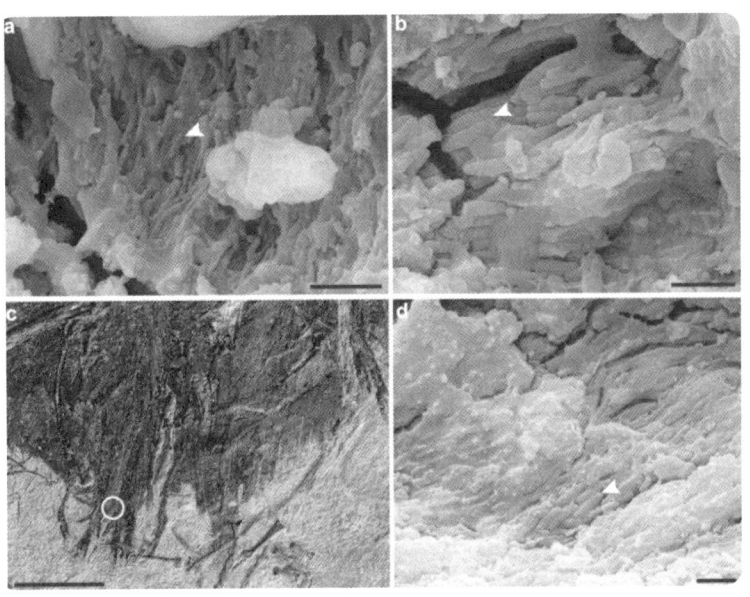

多齿胫羽鸟不同部位羽毛的色素体（a. 翅膀；b. 尾羽；c—d. 胫跗骨羽毛）

多齿胫羽鸟的胫跗骨羽毛不是羽片状的，不能形成一个封闭的翼面，很难在飞行时发挥作用。其线状的形态也不同于绒羽的结构，说明其保温作用是有限的。将多齿胫羽鸟的羽毛放在扫描电镜下观察，研究人员发现了杆状的羽毛色素体化石。特别是胫跗骨羽毛的色素体，其形态明显区别于身体其他部位羽毛的色素体。

色素体的几何形态与羽毛的颜色相关，上述发现说明多齿胫羽鸟后肢的羽毛具有不同于身体其他部位羽毛的颜色。

奇特的形态和显眼的颜色表明，这些后肢的羽毛更有可能是用于展示和吸引异性的。由此说明，性选择在鸟类演化过程中起着重要的作用，羽毛在演化之初可能并不仅仅是为了满足飞行的需要。

作者：王敏

3. 科学家用1万年前的微体化石,揭开了水稻起源之谜

▲ 生活中常见的稻米,从左至右依次为白米(图中为粳米)、黑米、糯米、糙米

白米、黑米、糯米、糙米、泰国香米、印度香米、粳米、籼米……身处现代的超市货柜或粮油市场之中,我们大概会被这五花八门的名字绕得晕头转向。然而,从植物学的角度来讲,所有稻米实际上都属于同一种植物——稻。它可以分为两个亚种,即粳稻和籼稻。前者米粒形状偏短圆,后者米粒形状较为细长。

在当今世界的粮食体系中,稻米的产量仅次于玉米,消费群体集中在东亚、东南亚和南亚这三个世界人口密度最高的区域。由此,稻米也成为现在全球范围内供养人口最多的一种农作物。

水稻的起源问题很早就引起了研究人员的关注和兴趣,但整个研究过程漫长而曲折,仅仅在起源地确认上就争论了近一个世纪。

20世纪初的苏联学者瓦维洛夫是栽培作物起源领域最广为人知的。他研究世界范围内主要农作物起源地的一个重要理论基础是"栽培作物的起源地应该在现存的栽培品种和近缘野生种基因多样性最高的区域"。依据这一理论，他认为水稻的起源地应该在印度。这一观点与19世纪瑞士植物学家德康多尔的想法一致。因此"印度起源说"从19世纪到20世纪初一直是这一问题的主导观点。

最早对这一问题进行系统研究的中国学者是著名农业科学家丁颖。自1926年在广州郊外发现野生稻之后，他在水稻起源、演变和育种领域进行了一系列卓有成效的研究，并明确提出了"水稻起源于中国华南地区"的观点，对"印度起源说"进行了正面回应和驳斥。

1990年，中国人民邮政发行的纪念邮票《中国现代科学家（第二组）》中的农业科学家丁颖

自20世纪50年代以来，我国长江流域的很多新石器时代遗址陆续发现了水稻遗存，其中1973年发掘的浙江余姚河姆渡遗址，便是众多遗址中最为著名的一处。这里发现的距今7000年左右的水稻遗存吸引了世界各地研

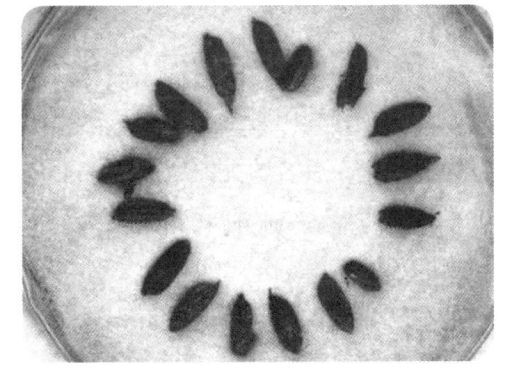
河姆渡遗址发现的炭化稻种

究人员的目光，也引发了人们对于水稻起源讨论的又一次高潮。

随着材料的积累，著名考古学家严文明在20世纪90年代初，根据考古遗址出土的早期水稻遗存以及历史上野生稻的分布范围等，提出了"水稻起

源于长江中下游地区"的观点。自此,"水稻长江中下游起源说"逐渐成为国际学术界的共识,持续一百余年的"印度说"与"中国说"之争也基本尘埃落定。

然而,人们对于水稻起源的探索并未就此止步。起源地的确认只是水稻起源问题的一个方面,另一个重要的方面就是起源时间。自20世纪90年代起,随着起源地之争问题的初步解决,起源时间便成了学术界亟须面对的主要问题。

恰好从这一时期开始,植物考古作为考古学的一个重要分支在我国国内得到迅速发展,一系列目的明确、有针对性的研究工作在此背景下得以展开,水稻起源的宏观图景也渐次清晰。

大量水稻遗存在新石器时代早中期的遗址中被发现,如江西万年仙人洞、湖南澧县彭头山与八十垱、河南舞阳贾湖、邓州八里岗、浙江余姚田螺山、萧山跨湖桥、嵊州小黄山、浦江上山、江苏泗洪顺山集等地均发现了水稻遗存。这些遗址的年代大多在距今7000年以上。最早的遗址年代距今约1万年。大量新材料的发现,使得研究人员对于水稻起源时间的探索有了研究的基础。

对于水稻起源时间的确认,有两个关键的节点:一是人类从何时开始有意识地管理和利用野生稻;二是水稻何时完成驯化。前者的关注对象是人类行为的变化,后者的关注对象是植物自身生物性状的改变。正是由于人类对野生稻资源的持续管理和利用,使得其某些生物性状发生改变,最终导致驯化稻的出现。

因此,要解决水稻起源时间的问题,植物考古学家需要建立稻属资源在一个区域内从出现到被完全驯化的时间序列。如此一来,在考古新发现提供的材料基础上,可信的年代测定结果和可靠的鉴定标准便成为实现这一目标的技术需求。

中国科学院地质与地球物理研究所吕厚远研究员领衔的团队发表在《美

国科学院院报》上的一项研究成果,正是针对这一问题的研究所取得的。这次吕厚远团队用到的是一种叫作植硅体的物质。不同于种子等大化石,植硅体是沉淀在高等植物细胞内腔或细胞之间的硅质颗粒,其形态与植物细胞形态直接相关,具有一定的植物分类学意义。

与植物种子等有机质相比,这种硅质的微体化石更容易在不同的埋藏条件下被长久保存下来,因此其在探索早期植物利用方面具有一定的优势。

此外,在植硅体的形成过程中,会封存一些植物细胞中原有的有机碳,其含量可以达到植硅体重量的0.3%—6%,是可以进行碳十四测年的新材料。

稻属植物特有的植硅体有水稻扇形、双峰形和并排哑铃形三种。吕厚远团队对现代样品的分析结果显示,水稻扇形体边缘鱼鳞状纹饰的数量可以用于区分野生稻与驯化稻。野生稻中水稻扇形体鱼鳞状纹饰大于等于9的比例大致在17%左右,而驯化稻中这一比例则在63%左右。

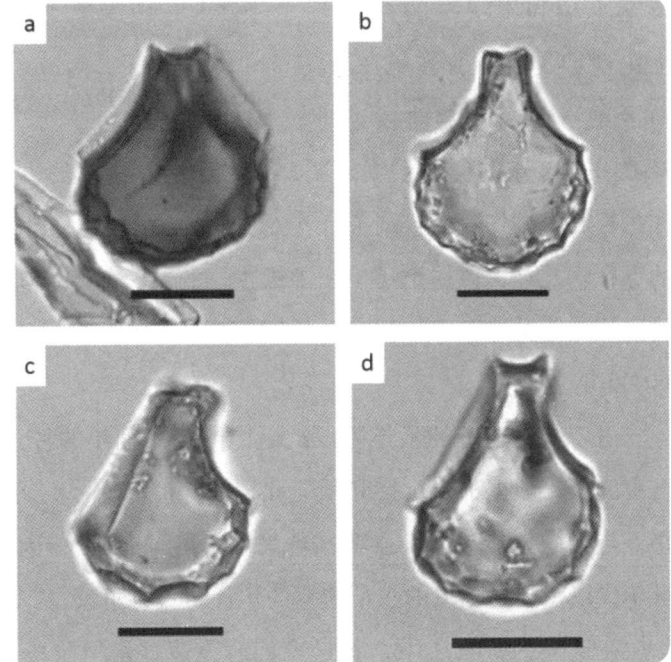

◆ 水稻扇形体鱼鳞状纹饰数量大于9(a,b)和小于9(c,d)的显微图像,图中比例尺为:1∶20微米(左昕昕/供图)

另外，他们还发明了从土壤样品中提纯植硅体的新方法，并利用其中封存的有机碳进行碳十四测年。为了验证植硅体碳十四测年的可靠性，吕厚远团队对国内多处遗址的植硅体和木炭测年结果进行了对比分析，结果显示，这一方法所获得的年代数据是可靠的。

在上述工作的基础上，该研究团队将这两项新的研究方法应用到了浙江浦江上山遗址早期水稻利用状况的探索上。上山遗址是目前所知长江下游地区最早的新石器时代遗址。

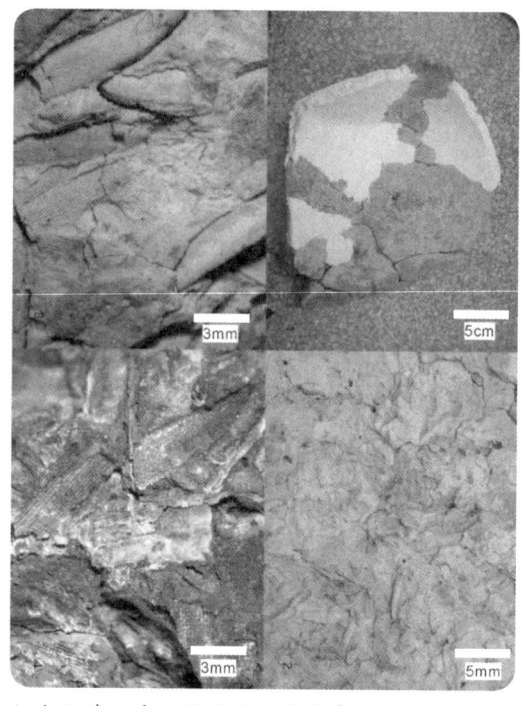
上山遗址出土的陶器，其中有使用稻壳和稻叶作为掺和料的痕迹（蒋乐平/供图）

2001—2008年的考古发掘表明，当时生活在这里的古人曾使用稻壳和稻叶作为掺和料制作陶器。研究人员对其中植物印痕进行显微观察，确认了水稻的存在。此外，该遗址还出土了极少量的炭化稻米。遗憾的是该遗址的最早阶段缺乏此类遗存。根据之前的测年数据推测，该遗址的最早年代可至距今11000年。

由于上山遗址的最早阶段缺乏能够用于测年的种子、木炭等植物遗存，已有的年代数据都是由掺和稻壳和稻叶等植物的"夹炭"陶片测定的，而这些夹炭陶中可能包含陶土等其他来源中的"老炭"，因此人们对上山遗址最早年代以及与之相关的水稻遗存的年代一直有争议。

在这样的背景之下，科学家们对该遗址最早阶段的土样进行了植硅体测年。测试结果表明，该遗址的最早年代至少可追溯到距今9400年。此外，

上山遗址及该遗址发现的水稻扇形体（吕厚远/供图）

研究人员对其中水稻扇形体的鉴定分析显示，在上山遗址的最早阶段，鱼鳞状纹饰的数量大于等于9的水稻扇形体所占比例高达36%，远高于现代野生稻的17%这一比例。在其后距今8400年左右的湖西遗址中，这一比例已经上升到57%左右。

考虑目前发现的最早扇形植硅体证据已经与野生稻存在较大的差别，以及由已知数据推测的水稻驯化速率，我们推测，长江下游地区水稻食用的开始时间必然早于目前所知的9400年以前，很可能距今1万多年。

吕厚远团队的这项研究还表明，我国长江下游地区水稻开始驯化的时间与世界上主要农作物（西亚的小麦、中美洲的玉米）开始驯化的时间基本上是同步的，都发生在更新世末向全新世初过渡的时期。水稻开始驯化的时间对应了距今约1万年前东亚季风开始增强、气候逐渐变暖变湿的环境背景，与全球气候格局在该时段内的重要转变有着密切的关系。

作者：邓振华

4. 飞出恐龙的阴影——侏罗纪滑翔哺乳动物新发现

一提到侏罗纪，大家可能马上会想到恐龙。

那么在那个恐龙称霸地球的时代，哺乳动物的早期拓荒者们究竟是一副怎样的面貌呢？它们是如何在恐龙的阴影下存活下来，甚至最终以卧薪尝胆、三千越甲可吞吴之势，缔造出了一个哺乳动物的新帝国呢？

发现1.6亿年前的滑翔哺乳动物

▲ 似叉骨祖翼兽生态复原图（赵闯/绘）

▲ 双钵翔齿兽生态复原图（赵闯/绘）

2017年8月10日，世界顶级学术刊物《自然》连载发表了一项重大的科学研究成果：在中国发现两种最原始的侏罗纪滑翔哺乳动物的化石。

这项研究由孟庆金研究员和罗哲西教

授领衔，北京自然历史博物馆、美国芝加哥大学和河北地质大学组成的国际合作团队共同完成，化石标本收藏于北京自然历史博物馆。

两种新发现的早期哺乳动物分别被命名为似叉骨祖翼兽和双钵翔齿兽，化石十分完整，保存有精美的骨骼和皮膜等结构。它们均属于哺乳动物演化初期的绝灭旁支——贼兽类中的艾榴齿兽类，代表了最原始的滑翔哺乳动物，生活在距今约1.6亿年的侏罗纪。

它们的发现让人们意识到，早期哺乳动物的生态多样性远远超出了我们的想象。

这一发现重塑了哺乳动物的飞行历史

说到上天，第一个飞进我们脑海的一定是鸟类。

其实鸟类并不是地球上唯一会飞的脊椎动物，哺乳动物中会飞的就有60多种，其中大家熟悉的蝙蝠，其飞行能力堪与鸟类相媲美。

鸟类和蝙蝠都具有真正的"振翅飞翔"的能力。也就是说，它们都可以通过拍打翅膀，进行主动飞行。

其他偶尔也能飞行的哺乳动物大都为"滑翔"。也就是说，它们需要从高处跃下，利用气流进行一定距离的移动，无法通过拍打翅膀进行长距离飞行。

不过也别小看了这些动物的滑翔能力，现生的鼯鼠分分钟能滑翔出30米以上的距离。

若想看看现生的滑翔哺乳动物长什么样，可以去宠物市场找找无敌萌宠"蜜袋鼯"——

🌕 蜜袋鼯，爪子附近可见的褶皱状结构，即用于滑翔的皮翼膜

一种长有皮翼膜、具有滑翔能力的有袋类，可作为宠物饲养，又萌又黏人，被人们亲切地称为"小蜜"。

新发现的祖翼兽和翔齿兽都是这样能够滑翔的哺乳动物，不过它们的出现比现生哺乳动物支系中最早出现的滑翔成员早了1.1亿年。

在此之前，研究者在中生代发现的远古翔兽是唯一能够滑翔的早期哺乳动物。祖翼兽和翔齿兽在演化树上的位置比远古翔兽更加原始，因此它们重塑了哺乳动物飞行的历史。

远古翔兽生态复原图（赵闯/绘）

如何确定祖翼兽和翔齿兽有滑翔形为

我们如何确定这两个1.6亿年前的小家伙能够滑翔呢？

1. 皮翼膜的存在。

由于祖翼兽和翔齿兽的化石保存十分精美，我们能够清晰地看到它们的颈部、前后肢和尾椎之间连接有完整的皮翼膜，与现生哺乳动物用于滑翔的皮翼膜十分相似。

它们的皮翼膜主要分为前皮翼膜、侧皮翼膜和后皮翼膜三个部分。其中，前皮翼膜连

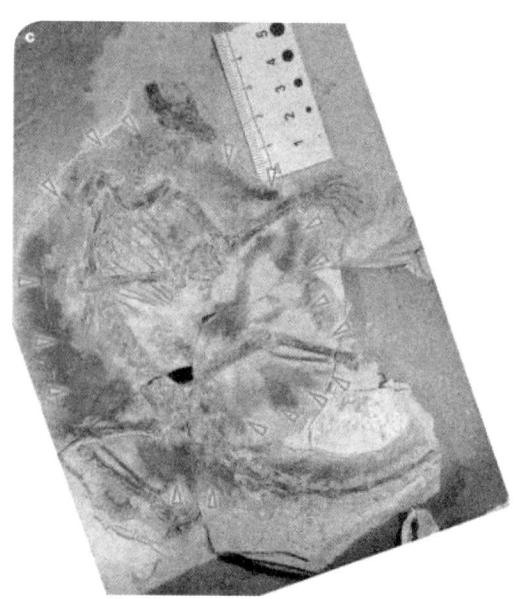
祖翼兽化石照片及线图（Meng et al., 2017）

接脸颊和腕关节，侧皮翼膜连接腕关节和踝关节，后皮翼膜连接踝关节和尾椎。

如此一来，它们张开四肢的时候，就能将自己呼啦啦扯成一只"风筝"，来阵风就可以上天了。

与此同时，科学家还发现，祖翼兽的皮翼膜与现生哺乳动物中能够滑翔的鼯鼠十分相似，两者在前、侧、后皮翼膜的比例上几乎一致，这也进一步证明了其具有滑翔能力。

2. 四肢比例和运动方式的相关性。

现生哺乳动物的滑翔行为与四肢的比例息息相关。

在此次研究中，科学家对现生哺乳动物和化石哺乳动物进行了大样本量的四肢比例和运动方式的数据测量和分析，最终认为祖翼兽和之前发现的另一种艾榴齿兽类宋氏仙兽都属于滑翔动物。而仙兽的好朋友，同属于艾榴齿兽类的陆氏神兽，并没有被归入滑翔的哺乳动物之列。

此次分析结果表明，尽管艾榴齿兽类大都是树栖动物，但并不都具有滑翔能力。它们中有些可以随意"玩跳伞"，有些则只能在旁边看看。

3. 独特的叉骨结构：与鸟类相似。

祖翼兽的两侧锁骨稍稍弯曲，和两者中间一块小小的间锁骨共同愈合形成了Y字形结构。这一形态在哺乳动物中非常独特，但与鸟类的叉骨却有相似之处。

那么鸟类的叉骨长什么样呢？

大家可以去买一副鸭锁骨，啃干净鸭肉以后就可以发现，它也是两侧的叉骨支在中间，并与一块小小的间锁骨愈合，形成一个Y字形结构。

这个叉骨对于鸟类的飞行非常重要，因此，相似的结构在祖翼兽上的出现，进一步证明了其具有飞行的能力。

此外，滑翔这一独特的行为要求肩部具有很强的灵活性，而祖翼兽的肩胛骨、锁骨和肱骨共同形成了一个灵活的肩部。

4. 特殊的前肢和后肢结构。

祖翼兽的手指指节从近端到远端的比例远远超过了其他大部分树栖类的哺乳动物,与蝙蝠比较接近。

它的近端脚趾还明显有一个纵向的沟槽,用于容纳指深屈肌腱。指深屈肌在现生的滑翔哺乳动物(比如鼯猴和蝙蝠)中尤为发达,用于攀爬和抓握悬空的物体。

此外,祖翼兽的脚趾较长,跗跖骨较短,其比例也近似于蝙蝠。

因此,基于手指和脚趾上的特征,科学家推测祖翼兽具有和现生滑翔的鼯猴和蝙蝠相类似的攀爬和抓握习性。

祖翼兽和翔齿兽吃什么

现生滑翔的哺乳动物大多数以植物为主要食物。祖翼兽和翔齿兽独特的牙齿告诉我们,它们可能和现生滑翔的哺乳动物一样,也以植物为食,从而形成了植食性和滑翔行为相结合的生活方式。

祖翼兽的上白齿保存完好,上面长有两排独特的、尖尖的嵴。这一结构和食果蝠(如锤头果蝠)的牙齿十分相似。

锤头果蝠是非洲最大的蝙蝠,翼展可达近1米。

它虽然是个庞然大物,但是爱吃水果。锤头果蝠的主要食物是无花果,有时也吃一些杧果、香蕉和番石榴。

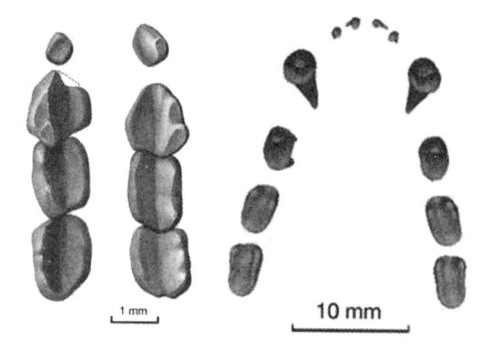

左图:祖翼兽上白齿;右图:锤头果蝠上白齿

此外,祖翼兽牙齿内侧的磨蚀痕迹还和一些次生演化出了食果习性的叶口蝠类相似。

叶口蝠类这个名称大家可能不太熟悉,但大家一定听说过这一家族中臭名昭著的吸血蝠亚科。不过和祖翼兽牙齿相似的是叶口蝠类中吃果子的成员。

双钵翔齿兽的臼齿形状则更是不走寻常路了。它的臼齿形似研磨用的钵体和钵杵,可能用于研磨植物的软组织和种子。它的牙齿替换模式也异于大多数的早期哺乳动物。

根据这些牙齿的特征,科学家认为新发现的早期滑翔哺乳动物和植食性的现生滑翔哺乳动物可能具有相似的食性,主要以晚侏罗纪占优势地位的蕨类和裸子植物为食,如苏铁、银杏、松柏等。它们可能主要以这些植物中较柔软的部分为食,如嫩叶、嫩枝和球果等。

祖翼兽和翔齿兽在动物演化上有什么意义

传统的观点认为,最早的哺乳动物之间彼此的差异不大,抢占不同生态位的能力十分有限。然而,这两种最早的滑翔哺乳动物的发现,极大地丰富了我们对早期哺乳动物多样性的认识,并证明哺乳动物很早就开始了对天空的探索。

祖翼兽和翔齿兽都属于树栖的艾榴齿兽类,在演化树上的位置十分原始,这意味着至少某些哺乳动物从树栖的祖先类群中演化出了滑翔这一特殊的运动方式,在恐龙横行的侏罗纪飞出了自己的一片天空。

作者:胡晗

5. 中国科学家还原 2 亿年前蛾类昆虫化石真实色彩

▲ 自然界中多彩的昆虫（a.甲虫；b.蛾子；c.蝴蝶；d.蜡蝉）

昆虫是地球上物种数量最多的生物，大多都具有极其丰富的颜色，比如说铜绿色的金龟子、颜色多样的蝴蝶等。我们不禁好奇，2 亿年前的昆虫是什么颜色呢？是否也像现在这样色彩斑斓？来自中、德、英三国的科学家通过对鳞翅目昆虫化石微细结构和结构色的研究，还原了 2 亿年前昆虫的"真实颜色"，同时该研究还揭示了鳞片的早期演化及光学结构。

为什么恢复古昆虫颜色这么困难

颜色的恢复一直是古生物研究中的一个难题，因为化石通常只能保存生物体结构。人们对古生物颜色的恢复几乎都是靠想象的。

昆虫着色形式包括色素色（化学色）和结构色（物理色），其中结构色是生物体亚显微结构所形成的一种光学效果，生物体表面或表层的嵴、纹、小面和颗粒能使光发生折射或散射作用，从而产生特殊的颜色效应。

鳞翅目昆虫包括各种蛾类和蝴蝶，是人们最熟悉的昆虫之一。鳞翅目昆虫翅膀上的鳞片具有极其精巧的三维微观结构，可以产生各种结构色。鳞翅目昆虫的结构色是所有生物中最复杂、最丰富的。

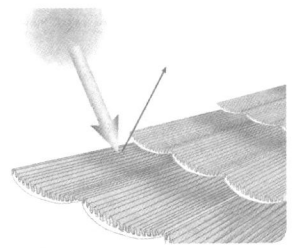
🌢 鳞片结构色物理模型

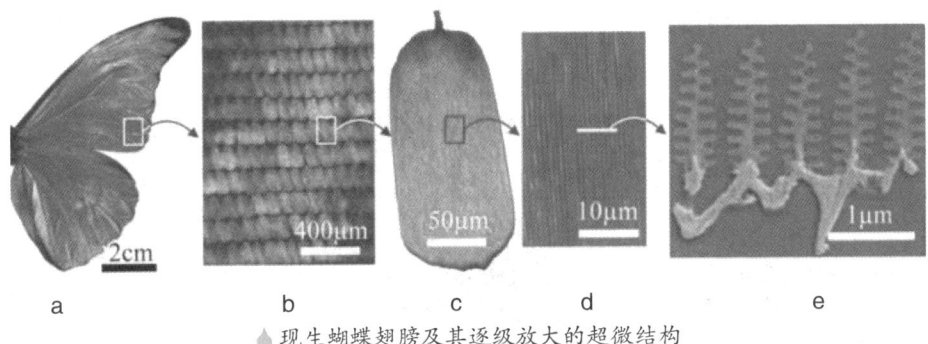
🌢 现生蝴蝶翅膀及其逐级放大的超微结构

昆虫的光学结构并不会随着时间流逝而发生化学变化，只要存在光学结构，结构色就可以被重建。因此，在化石中找到光学结构是恢复古昆虫颜色的关键。长期以来，由于化石光学结构难以完整保存以及技术方面的限制，科学界对昆虫化石鳞片的光学结构知之甚少。这也就限制了科学家对鳞翅目和结构色的起源和早期演化的了解。

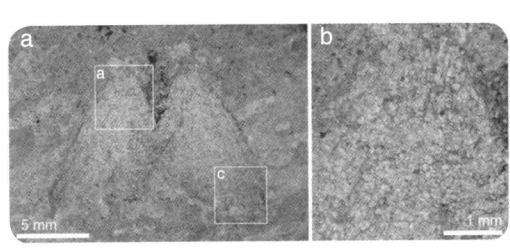
🌢 梅塞尔油页岩鳞翅目及鳞片结构

🌢 德国梅塞尔油页岩鳞翅目结构色复原图

此前用于昆虫颜色研究的化石标本，采用的是距今仅4700万年（古近纪）的德国梅塞尔油页岩中的鳞翅目化石。因为其年代距离现在较近，所以标本保存比较完整，光学结构得以"幸存"。

将最古老的昆虫结构色研究纪录提前至少1.3亿年

为了找到适宜研究的化石标本，研究人员对英国、德国、哈萨克斯坦和中国的侏罗纪鳞翅目化石进行了研究。在对500余枚标本进行观察后，最终发现了数枚保存有超微鳞片结构的化石。

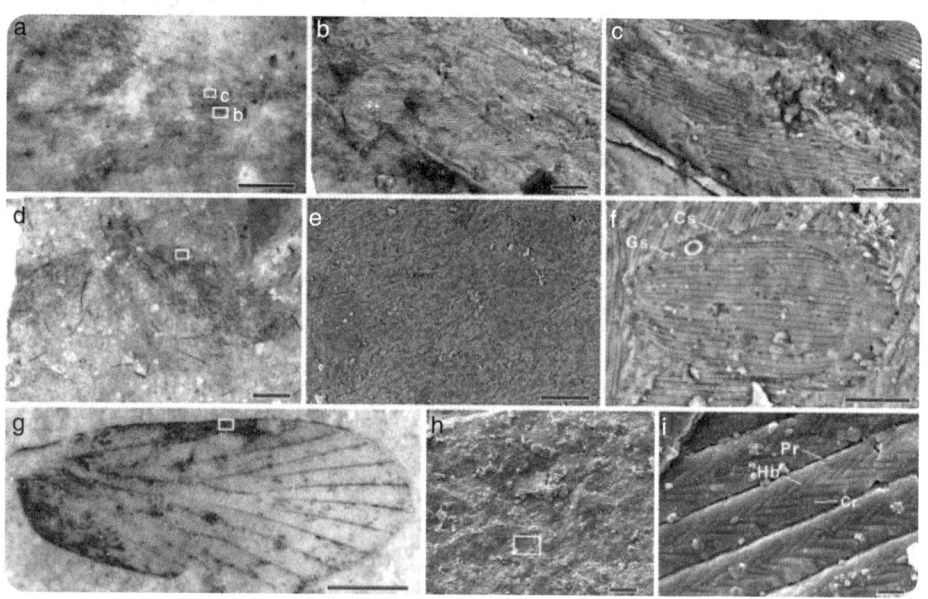

a—c.英国鳞翅目鳞片；d—f.哈萨克斯坦鳞翅目鳞片；g—i.德国鳞翅目鳞片

研究人员发现侏罗纪的蛾类鳞片已经演化出鱼骨状的纳米级光学结构。类似的精细结构只见于现生小翅蛾科部分种类。研究人员利用化石鳞片数据，重建了鳞片微结构的三维光学模型，最终利用光学模拟软件和计算机定量计算出了化石蛾类产生的结构色。

综合证据表明，侏罗纪早期（约1.95亿年前）的蛾类与现生小翅蛾科

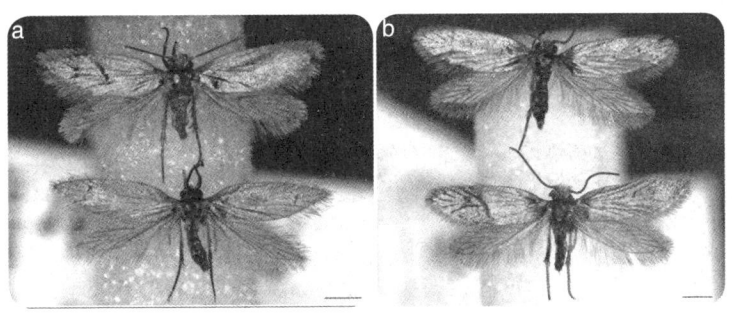

现生小翅蛾光学照片

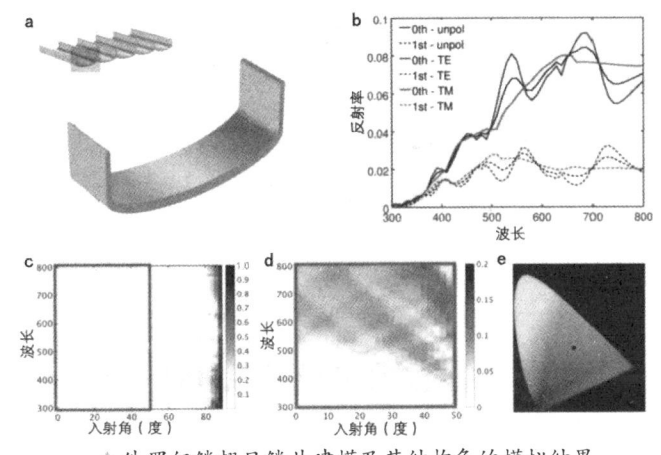

侏罗纪鳞翅目鳞片建模及其结构色的模拟结果

（最原始的鳞翅目）非常类似。它们的翅膀鳞片已经具有较复杂的光学结构，可以产生金黄色的结构色。这不仅是已知最早的昆虫真实颜色，也是最古老的昆虫结构色，此次研究将该纪录至少提前了1.3亿年。

鳞翅目昆虫生态复原图

新发现

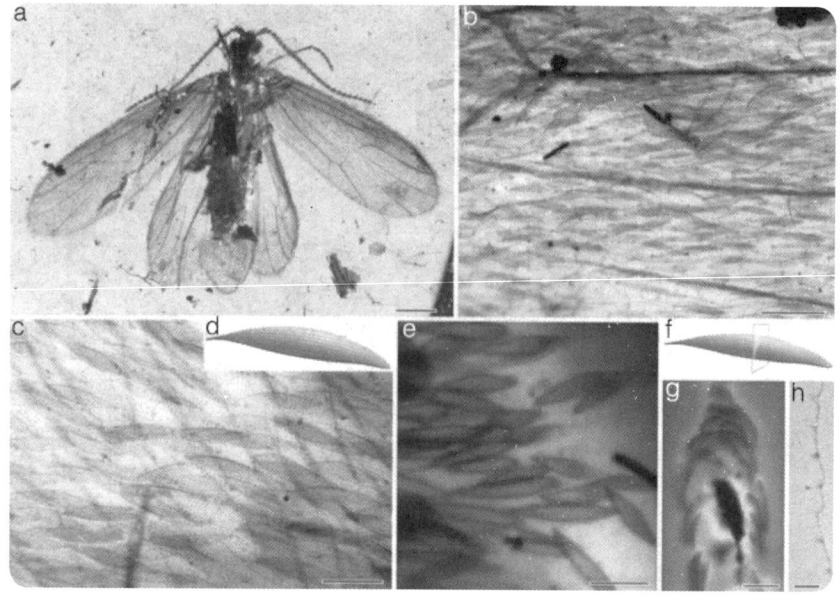

缅甸琥珀飘翅目及其鳞片结构（a—c. 光学显微照片；e和g. 激光共聚焦照片；h. 透射电镜照片）

融合型鳞片是最原始蛾类翅膀鳞片结构

琥珀是植物树脂形成的特殊化石，可以保存更为精细的结构。研究人员在对距今约1亿年（白垩纪）的缅甸琥珀中的飘翅目（鳞翅目的祖先类群）进行研究后，发现其具有单层的融合型鳞片，外形为窄叶性，形态比已知鳞

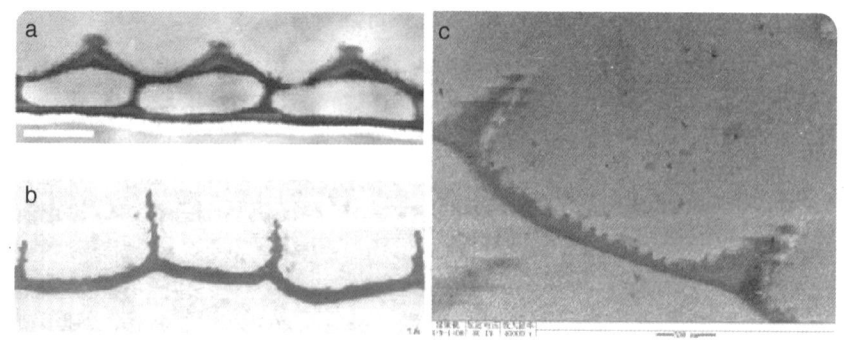

鳞片结构（a.镂空型；b.融合型；c.飘翅目鳞片结构）

30

翅目鳞片的所有类型都原始。

侏罗纪的蛾类标本的翅膀鳞片在形状、超微结构以及排列方式上都与现生最原始的鳞翅目（小翅蛾科）非常相似。它们的鳞片都是融合型，即鳞片上下层均被表皮填充，不成网格状。现生的鳞翅目高等类群则多具有镂空型鳞片：上、下分为两层，中间有复杂的三维结构，而呈扁囊状。

先前经典的发育生物学理论认为，镂空型鳞片是最原始的状态，但本研究表明，融合型鳞片才是最原始的类型，而一型双层鳞片为鳞翅目的基本结构特征。

化石研究将从黑白世界进入彩色世界

本研究同时也证实了纳米级的光学结构可以保存在中生代的琥珀、压痕以及印模化石标本中，这为人们复原远古动物和植物的结构色打开了新的窗口。它标志着化石研究由黑白世界进入彩色世界不再是梦想，化石颜色的复原也不再仅仅依靠人们的想象。

▲ 白垩纪蛾类生态复原图

作者：王博　张青青

第二部分

发现生命新领域

第二部分
发现生命新领域

6. 重磅消息！科学家培育出全球首例神经疾病模型猪

● 亨廷顿舞蹈症基因敲入猪

在广州九龙镇有一座"猪宾馆"，生活着一群不同寻常的实验小猪，它们能模拟人类的疾病。这里的科学家利用基因"剪刀"（CRISPR-Cas9），精准地把人类突变的亨廷顿基因"粘贴（敲入）"到小猪的亨廷顿基因中，从而使猪患上亨廷顿舞蹈症。全球首例神经疾病模型猪就此诞生！

由我国科学家领衔的国际研究团队经过4年的努力，利用基因编辑技术和体细胞核移植技术，成功地培育出世界首例亨廷顿舞蹈症基因敲入猪，能精准地模拟人类神经退行性疾病——亨廷顿舞蹈症。

此项成果在线发表在生物学顶尖学术期刊《细胞》上。该研究为开发治疗亨廷顿舞蹈症的新手段提供了稳定、可靠的动物模型，也为培育其他神经退行性疾病大动物模型提供了技术范本和理论依据。

中科院院士裴钢教授在得知该成果发表后指出，在国家的前瞻性布局下，我国在基因编辑猴和克隆猴的研究中相继取得突破性成果，这次我国科学家在猪的疾病模型研究中又取得重大进展，表明我国在大动物模型的研究中已经走在世界前列，将极大地推动我国生物医药产业的创新发展。

什么是亨廷顿舞蹈症

亨廷顿舞蹈症与阿尔茨海默病、帕金森病、肌萎缩侧索硬化症等其他神经退行性疾病一起，严重威胁着人类健康。这些疾病伴随年龄的增长而产生，且可遗传，呈渐进性发展，由于缺乏合适的动物模型进行药物筛选，目前尚无有效的治疗方法。

亨廷顿舞蹈症是由单基因（HTT）突变导致的神经退行性疾病。神经退行性疾病的致病蛋白变异后沉淀在神经细胞中，造成神经细胞功能紊乱，并引发神经细胞死亡，导致疾病发生。亨廷顿舞蹈症是一个理想的疾病模式，可用于研究蛋白质错误折叠如何引起选择性的神经退行性病变，也可用于研究多基因突变病症。

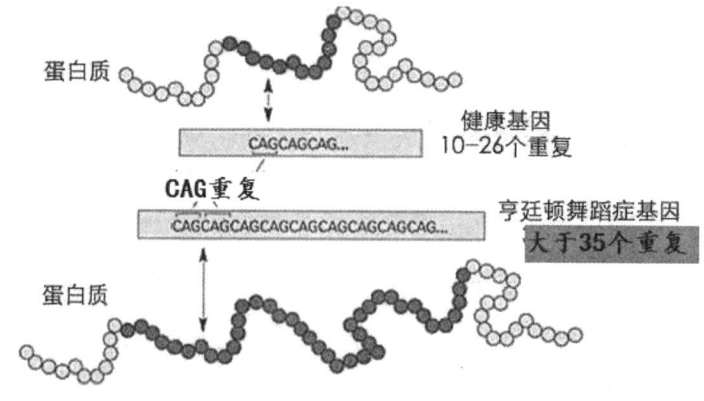

亨廷顿舞蹈症致病机理

为什么选择猪作为研究模型

为了研究神经退行性疾病的致病原因和治疗手段,动物疾病模型必不可少,然而,目前常见的一些动物模型都存在局限性。

小鼠:作为最常见的动物模型,小鼠已被广泛地用于研究人类疾病机理和寻找临床治疗方法。李晓江领衔的团队在研究中发现,神经退行性疾病小鼠模型,并不能表现出像病人脑中一样的典型神经细胞死亡的重要病理特征。同时,许多有治疗效果的药物在小鼠模型中有效,在临床上对病人却无效。

猴子:早在2008年,李晓江、李世华就在美国埃默里大学合作者的支持下,将外源性的突变基因转入到猕猴的体内,建立了世界首只转基因亨廷顿病猴模型。不过,李晓江教授认为,在猴模型中,虽然我们可以明显地观察到相应的病理特征和行为变化,但表达外源性致病基因片段的毒性过强,转基因猴基本在出生后较短时间内就死亡,无法繁殖,不能达到筛选治疗疾病的药物的目的。另外,成熟的克隆猴技术最近才刚刚突破,技术上还有待进一步优化。

与果蝇、线虫、小鼠等小型动物相比,猪被公认为是人类进行医学研究理想的大动物模型。赖良学教授这样解释道:猪的心血管系统、消化系统、皮肤、营养需要、骨骼发育以及矿物质代谢等都与人极其相似。猪的体型大小和驯服习性允许研究人员对其进行反复采样和实施各种外科手术。另外,与非人灵长类动物相比,猪的基因多样、繁殖周期短、一窝产仔多,便于根据特殊需要进

模拟人类疾病的转基因猪

行选育。

所以，猪的疾病模型更适合研究人员进行药物筛选、人类疾病研究以及评估干细胞治疗的研究结果，相应的成果也更容易转化为临床应用。作为华南地区重要的大动物疾病模型实验平台之一，赖良学教授领衔的团队先后建立了50余种在生物医药和农业领域具有重要价值的转基因和基因打靶克隆猪模型。

"基因魔剪"和克隆技术催生疾病模型猪

2010年，李晓江、李世华与赖良学教授一起建立了转基因亨廷顿舞蹈症猪模型。

不过，与猴模型一样，转基因猪模型虽然也具有明显的表型特征，但是不易存活、无法传代。这一问题让他们感到非常困惑：人是在某个定点基因突变而导致亨廷顿病的，而目前转基因技术是随机地在内源性基因中插入外源性突变基因，其表达量高于内源性致病基因。

赖良学教授领衔的团队分析，亨廷顿舞蹈症是内源性基因突变而造成的，如果直接把猪的内源性基因定点替换为人类亨廷顿病的突变基因，那么猪的病理变化应该与病人的病理状态更接近。然而，大动物没有成熟的干细

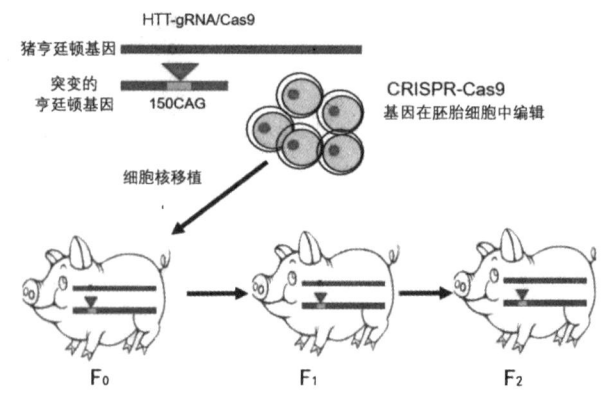

● 利用基因编辑等技术培育出世界首例亨廷顿舞蹈症基因敲入猪

胞培养体系，运用传统的方法基因敲入的效率太低，在大动物中很难获得理想的基因表达结果。

2013年，基因编辑技术被广泛应用于哺乳动物中。赖良学领衔的团队通力合作，利用基因编辑技术将人突变的亨廷顿基因插入到猪的内源性亨廷顿基因的表达框中（即将人的外显子1中包含的150 CAG重复序列精确地插入猪的HTT内源性基因中）。

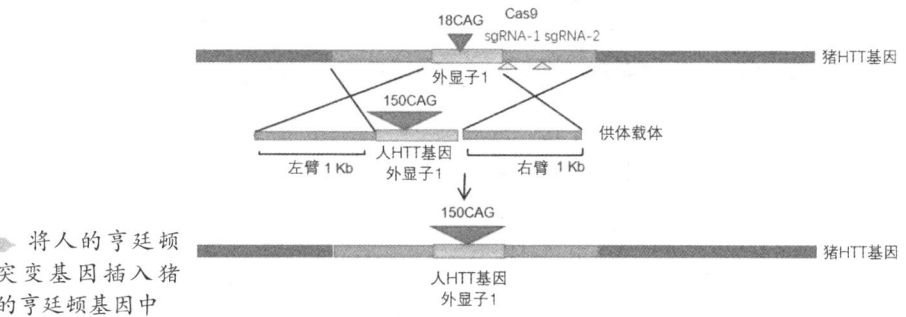

将人的亨廷顿突变基因插入猪的亨廷顿基因中

接下来，研究人员利用成纤维细胞筛选出阳性克隆细胞。这并非一件易事，研究人员需要把单细胞逐个挑出来并进行筛选及鉴定，并且一定要挑选状态最好的细胞来进行胚胎移植。

负责此项实验工作的闫森先后筛选了上千个细胞，从中挑出确定带有突变基因且状态最好的细胞。闫森说："每天早上7时进入细胞间，看细胞、换液、不停地跟细胞打交道，一抬头已是下午3时。好不容易筛选到的阳性克隆细胞，如果其状态不好就又得重来。只有进行大量筛选，我们才能获得最优的克隆细胞。"

筛选到理想的细胞后，他们运用体细胞核移植技术进行克隆，成功地培育出了带有突变基因的新生猪。在带有突变基因的新生猪出生5个月后，科学家观察到这种亨廷顿猪出现了运动障碍等渐进性发病的表型。

下一步实验是要将稳定表达致病基因的亨廷顿猪繁殖下去。由于疾病模型猪身体状态不好，在传代过程中更需要悉心的照料。为了证明亨廷顿猪的

病理特征更接近于人类,李世华教授多次从美国返回中国指导实验,并亲自去猪场观察小猪的生存环境及生活状态。

在整个团队的呵护下,F_1代小猪终于出生,实验成功了!结果证明,该模型猪不但能够模拟亨廷顿病患者在大脑纹状体的神经元选择性死亡的典型病理特征,在行为上也表现出类似亨廷顿病"舞蹈样"的异常行为,而且这些病理及行为学表型都可以稳定地遗传给后代。

神经退行性疾病研究领域里程碑式的发现

多年从事研究亨廷顿病的权威专家、美国加州大学洛杉矶分校杨向东教授指出,亨廷顿舞蹈症基因敲入猪模型的建立是神经退行性疾病研究领域中一个里程碑式的发现,它使科学家能更深入了解神经细胞死亡的机制及寻找有效的治疗方法。

作为世界首例亨廷顿病基因敲入猪模型,它表明在模拟病人的神经病理变化特别是脑疾病方面,大动物模型比小动物模型更具优势。

亨廷顿病基因敲入猪的成功培养,将推动我国发展大动物疾病模型的医药研发产业链,促进针对阿尔茨海默病、帕金森病等神经退行性疾病,以及免疫缺陷、肿瘤、代谢性疾病的新药研发进程。此外,该动物模型还可应用于干细胞治疗等手段的临床前评价,从而进行临床转化,最终造福于人类。

作者:孙小橘　木三子

第二部分 发现生命新领域

7 中国科学家发明让细胞"返老还童"的新型"魔法药水"

"返老还童"是一个有魔力的词汇,几千年来,古今中外的人们都为之痴迷,但都未能如愿。如今,这个梦想在当代生物学家的实验室里可能成为现实。

诱导多能干细胞:细胞重返"婴儿"状态

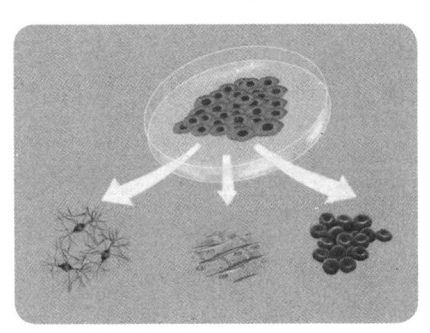

干细胞分化成不同类型的细胞

干细胞是具有无限增殖和多向分化潜能的细胞,犹如初生的婴儿,充满生机和可塑性。所有的细胞都是由干细胞发育而来的。如果能将各种已经分化的细胞逆转成干细胞状态,让其变成"诱导多能干细胞(iPS cell)",不就会"返老还童"了吗?

如今,中国科学家开发了一套"魔法药水",用它们为细胞"洗澡",便能将多种类型的体细胞变成干细胞。

中国科学院广州生物医药与健康研究院裴端卿研究员领衔的研究团队经过5年攻关,揭示了用化学方法制备干细胞的科学原理,为诱导多能干细胞的研究和优化制备途径提供了全新的科学视角和解决方案。

制备IPS，方法不止一个

诱导多能干细胞可以帮助人类了解细胞"变身"的奥秘，为科学界提供了一个窥探生命本质的窗口。多能干细胞还可以用于再生新的组织和器官，为疾病治疗和再生医学提供"种子"细胞来源。

为了把成体细胞逆转成干细胞，科学家们想出了很多方法。

2012年，诺贝尔生理学或医学奖得主山中伸弥是诱导多能干细胞技术的创始人之一。2006年，他所在的研究团队发现了诱导小鼠细胞变身为胚胎干细胞的方法：通过病毒载体将4个基因导入小鼠成纤维细胞，使之转变为胚胎干细胞。此方法得到的干细胞可以避免免疫排斥问题，可以用来制备自体来源的各种组织和器官。这一方法被业界称为"山中伸弥方法"，导入的4个基因被称为"山中伸弥因子"。这一研究成果免除了使用人体胚胎提取干细胞的伦理道德制约，因此在全世界被广泛应用。

不过，"山中伸弥方法"是利用病毒载体进行基因运送，具有潜在的致

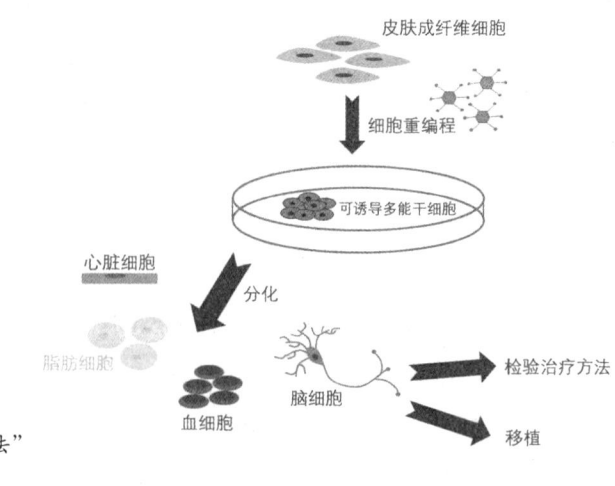

● 用"山中伸弥方法"制备干细胞

癌隐患，对于临床应用有较大风险。此后，各国科学家不断地开辟新方法。后来，科学家们利用化学小分子替代"山中伸弥因子"，诱导出了多能干细胞，但其仍存在步骤多、时间长、效率低、机理不清楚等缺点。

另辟蹊径，用"魔法药水"给细胞"洗澡"

裴端卿研究员领衔的科研团队经过5年的努力，开发出一套高效、简单的用化学小分子诱导多能干细胞的方法，简称为CIP（Chemical Induction of Pluripotency），即化合物诱导干细胞多能性。

该方案只需要用两种不同的"药水"依次给细胞"洗澡"，便可以将体细胞"返老还童"到干细胞的状态。这一方法比之前的方法更简单、高效，所需的初始细胞量少。更重要的是，它可以实现多种类型体细胞的"返老还童"，包括在体外极难培养的肝细胞。

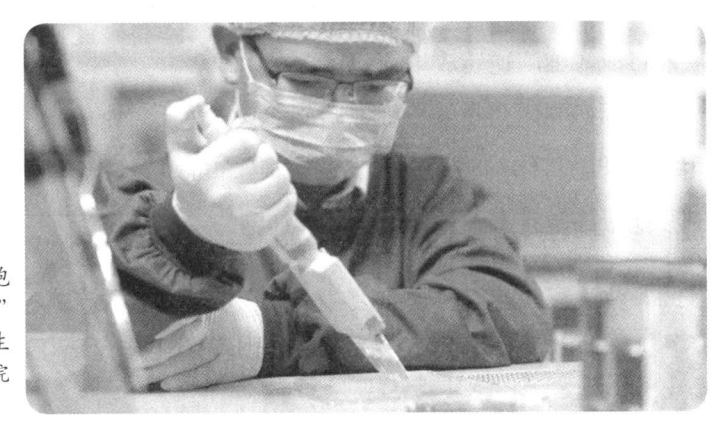

◆ 科学家正向细胞中加入"魔法药水"（中国科学院广州生物医药与健康研究院/供图）

这些神奇的"魔法药水"是如何将成体细胞诱导到胚胎发育早期的多能干细胞状态的呢？

在个体中，所有的细胞都拥有同样的染色质，为什么会形成形态各异、功能不同的各种细胞呢？原来，细胞在发生可识别的形态变化之前，就因受到约束而向特定方向分化，确定了其未来的命运。研究发现，细胞的命运

在显微镜下观察细胞状态（中国科学院广州生物医药与健康研究院/供图）

受到细胞核内部的"信息中枢"染色质的状态控制。细胞染色质的开放（1）或关闭（0）状态，决定了细胞的命运。这种情况就犹如计算机二进制的"密码串"。

科研团队进一步研究发现，成体细胞的开放染色质位点，由 AP-1 及 ETS 等转录因子家族成员把守着，胚胎干细胞的开放染色质位点，则由 OCT、SOX 和 KLF 等转录因子家族成员把守着。如果将细胞中 AP-1 及 ETS 把守的染色质由开放到关闭，OCT、SOX 和 KLF 把守的染色质由关闭到开放，就能将成体细胞逆转成干细胞！

该项研究用药物来精细地调节细胞染色质"密码串"上的密码状态：先用一组药物将体细胞命运状态"解锁"，再用另一组药物将体细胞命运驱动到多能干细胞状态，这样就实现了细胞的"返老还童"。

细胞"青春期"+明星小分子

有趣的是，研究人员还发现了用药物驱动细胞"返老还童"的"青春期"，即药物先驱动成体细胞返回到由 GATA 和 FOX 转录因子家族成员看守的染色质中间态，再进一步将其返回到多能干细胞状态。该研究体现了药物驱动细胞"返老还童"在逆转程序上的特殊性和精巧性，为药物诱导细胞命运转变的应用研究提供了理论指导。

科学家还进一步对单个小分子药物"解锁"细胞染色质密码的机制进行解密,发现了关键小分子5-溴脱氧尿嘧啶核苷。

它是一个简单的核苷类似物,可以直接作用于DNA结构本身,调节染色质的密码状态,推动细胞命运的逆转。该研究为开发更加高效、简单地用于细胞"返老还童"的小分子提供了突破口。

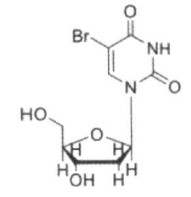

小分子5-溴脱氧尿嘧啶核苷

药物诱导干细胞的新方向

由于没有引入外源基因,该方法操作简便,诱导过程条件恒定,所有成分明确、标准化,为干细胞应用提供了安全、高效的制备方法,具有广阔的市场应用前景。与此同时,它还为用药物诱导细胞命运转变提供了新方向,将极大推动干细胞及再生医学的发展。

中科院上海药物研究所研究员、国家新药筛选中心副主任谢欣认为,该研究方法与常规的诱导方法有显著区别,Brdu这一小分子直接整合入DNA,重塑染色质结构,从而改变基因表达,这是一个全新的机制;而且本研究极大提高了诱导的效率,使化学诱导有望成为诱导多能干细胞的常规方法。同时,这一机制还可以指导科学家有目标地设计化合物小分子,用来改变染色质结构,从而更加优化化学诱导重编程体系。更为重要的是,中国科学家在用化合物诱导多能干细胞的领域里互为补位,使我国在该领域的研究处于世界领先的地位。

作者:孙小橘　星星点灯

肠道微生物与过敏和哮喘的恩恩怨怨

过敏和哮喘是最常见的儿科慢性病,其患病率超过30%。仅哮喘一项,世界范围内受其影响的人就超过3亿。

2016年3月7日,国际权威期刊《Allergy》杂志在线发表了我国科学家首都医科大学附属北京同仁医院的张罗教授领衔的团队的研究结果,报告了2005—2011年,全国18个中心城市过敏性鼻炎自报患病率数据。其中,全国平均患病率为17.6%,4个城市的患病率超过20%,分别为:上海23.9%,昆明22.4%,沈阳20.6%和北京20.2%。

真实情况可能比这更糟,因为"潜水"的人数更多,很多病人并没有主动报告。

目前的研究发现,肠道微生物与过敏性疾病关系密切。生命早期肠道微生物的异常可能是引起过敏和哮喘的关键因素。

肠道微生物可能与过敏和哮喘有关

在《科学转化医学》杂志上,加拿大的英属哥伦比亚大学 B. Brett Finlay 领衔的团队分析了加拿大健康婴儿纵向发展研究（CHILD）项目中319名儿童的肠道菌群的情况，发现患哮喘的婴儿在出生后的头100天里表现出了短暂的肠道菌群失调。

其中，主要有四个属的细菌发生了明显变化，它们是毛螺菌属、韦永氏球菌属、柔嫩梭菌属和罗氏菌属。这四种菌在患哮喘的儿童中明显减少了。

于是，该研究团队推测，可能是这几种细菌的减少引起了过敏性哮喘。此外，他们在研究中还发现，这些细菌类群的减少同时伴随着粪便中乙酸含量的降低和肝肠代谢的失调。也就是说，这几种细菌很可能对维持人的身体健康有益。

于是，研究人员进一步把这四种细菌接种到无菌小鼠体内，看看这几种细菌是不是真的好细菌。结果发现接种之后，这些细菌能够显著改善小鼠成年后的呼吸道炎症，并且能够延缓哮喘的发展。从结果上看，给过敏性哮喘组小鼠接种这些细菌之后，小鼠的组织病理表现变化明显（见下图）。

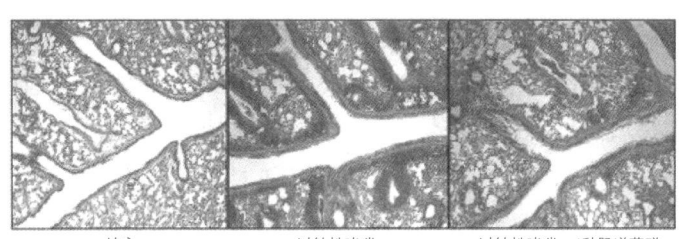

● 健康小鼠、过敏性哮喘小鼠和接种过毛螺菌、韦永氏球菌、柔嫩梭菌和罗氏菌的小鼠的组织病理表现对比

健康　　　　过敏性哮喘　　　过敏性哮喘+4种肠道菌群

上面的结果不仅证明了这四种细菌与哮喘有关，还揭示了这些细菌的减少可能是引起哮喘的原因。

肠道微生物中的柔嫩梭菌可能促进过敏性皮炎

肠道中除了好细菌，还有一些坏细菌和中性细菌。肠道中的某些细菌在特定的情况下会出来捣乱。

一项韩国的研究声称，通过对包括90例湿疹患者在内的132名受试者

（从婴儿到成人）的肠道微生物进行分析，发现柔嫩梭菌的丰度与过敏性皮炎密切相关，过敏性皮炎患者肠道中这种菌明显增多。

实际上，柔嫩梭菌的种类很多，进一步研究发现，共有6种柔嫩梭菌与过敏性皮炎有关。另外，该菌在各个年龄段之间的过敏性皮炎患者肠道微生物中都明显增多。

除此之外，研究还发现，柔嫩梭菌的增多，还伴随着具有抗炎作用的丁酸和丙酸等短链脂肪酸（SCFA）含量的减少。这可能是由于柔嫩梭菌的丰度高了之后，抑制了某些产丁酸和丙酸的菌的生长，导致丁酸和丙酸的含量减少，最终引起人体皮肤对过敏源出现异常（T细胞辅助的2型免疫反应）反应。

肠道微生物与过敏和哮喘的恩怨纠葛

看到这里，肯定有人会想：上面提到的毛螺菌、韦永氏球菌、柔嫩梭菌和罗氏菌这四种细菌既然这么好，那么我们把它们分离提取之后做成益生菌，让过敏的人吃下去，是不是也能起到同样的效果呢？通过减少柔嫩梭菌的含量，是不是人们就能维持肠道菌群的平衡，减少过敏的发生呢？绝对有这种可能，曙光已经出现，但是离临床应用还有很长的一段路要走。

为什么这么说呢？

第一，分离、培养肠道微生物的难度很大。目前很多肠道微生物无法体外培养，即使培养出来了，也需要进行符合工业化生产的工艺设计、细菌活性的保持，以及经历各种严格的安全性评价。

第二，体外分离培养的微生物，进入体内后的作用机制还没有搞清楚。

第三，肠道微生物的作用机制，微生物与人体之间的关系还没有搞清楚。科学家的研究结果还存在相互矛盾的地方。细心的读者可能已经发现，上面介绍的两个研究结果中就存在矛盾的地方。加拿大的研究表明，4种细菌中的柔嫩梭菌有好处。韩国的研究发现，柔嫩梭菌的含量高了之后是不好的。类似这样的矛盾还有很多，在确定这些菌的真正作用和作用机制之前，还有大量的验证工作需要去做。

肠道微生物与过敏和哮喘的关系并不简单，它们之间存在的恩怨纠葛还未明了，这其中还存在很多未解之谜。不过，我们也不必沮丧，虽然肠道微生物离应用还有一段时间，但是这些研究结果为我们展现出以人体微生物为基础的诊断和治疗方法的无限潜力，并使以益生菌的形式来防治儿童哮喘及其他相关的过敏性疾病成为可能。

设想一下：在未来，通过检测肠道微生物的组成（看看都有哪些细菌以及哪些细菌多了、哪些细菌少了），然后根据检测的结果有针对性地补充或减少一些细菌，人体就能维持健康，这是一件多么了不起的事情！

作者：段云峰

9. 回家，人与鸟有着诸多惊人的相似

人类"每逢佳节倍思亲"，鸟类也会"故乡今夜思千里"。全球现存有近1万种鸟类，其中超过20%是候鸟。这些候鸟每年在固定时间、沿固定路线往返于繁殖地和越冬地之间。这个繁殖地是鸟类出生的地方，就是鸟类的"故乡"。

回家——"九九八十一难"

小明家在东北，却在南方上班，每到年关，他就感叹"行路难"。其实，他这点路程对于鸟类而言是微不足道的。

在春季，一只斑尾塍鹬从新西兰出发，7天内连续飞行10300千米，到达中国黄海北部，在鸭绿江口休息一个多月后继续迁徙，6天内连续飞行6500千米，到达位于美国阿拉斯加的繁殖地。这是目前已知的鸟类连续飞行距离的最远纪录。

要论世界上最远的回家之路当属北极燕鸥，它们回家一趟需要飞行40000千米，相当于在赤道上走一圈。这么长的距离，即便是坐飞机，也得飞上约50小时。

▲ 北极燕鸥

鸟类的回家之路，不仅远，而且险象环生。张骞出使西域，苏武塞外牧羊，玄奘西游取经……无不是充满艰难险阻，如果没有坚强的意志，他们无法再次回到故乡。相比人类，鸟儿归乡路的艰难程度有过之而无不及。

鸟类中蓑羽鹤的归途堪比"玄奘取经"。成年蓑羽鹤体长98厘米左右，异常纤瘦，在鹤家族中体型最小。因体型娇小玲珑、举止娴雅、性情羞怯温柔，如闺中小姐，蓑羽鹤又被称为"闺秀鹤"。

蓑羽鹤虽有闺秀之名，却无小姐之命。和唐玄奘类似，蓑羽鹤（中国境内的部分蓑羽鹤）也要往返于中国和印度之间，它们夏季在中国繁殖，冬季在印度越冬。然而，蓑羽鹤路途之险，绝非玄奘西游之路可比。每年迁徙的季节，蓑羽鹤要经历重重艰难险阻。

▲ 蓑羽鹤

在蓑羽鹤的迁徙路线中，东部那条路线是直接穿越世界上最高的山脉——喜马拉雅山脉。在穿越喜马拉雅山之前，蓑羽鹤需要穿过中国最大的沙漠——塔克拉玛干沙漠，那里一向被认为是生命的禁区。经过上千里的飞行，穿越"死亡之海"后，蓑羽鹤的体力已经消耗了大半，中途的补充远不及路上的消耗。

鹤群旅途中最后一个也是最危险的一个阻碍是喜马拉雅山脉。为了到达南亚，它们必须向这个山脉发起挑战。鹤群冲顶时如果不幸遇到风暴和寒流，就不得不原路返回。鹤群在喜马拉雅山脉北麓多停留一天，就多一份危险。运气不佳的时候，它们可能停留的时间更长。每耽误一天，它们就多流失一份体力，减少一份成功的希望。在喜马拉雅山脉北坡，蓑羽鹤不仅要忍受天高地寒的恶劣环境，还要面临天敌的威胁。据科学家估计，每年有大约5万只蓑羽鹤想飞越喜马拉雅山，至少有1万只蓑羽鹤丧命途中。

回家的路难：走哪条路？带多少吃的

其实，鸟类迁徙的路线并没有人们想得那么完美。苍天之大，它们能飞行的路线并没有多少。这就好比航空路线，天空这么广阔，飞机能随便飞行吗？

目前世界上有8条候鸟迁徙路线，其中经过我国的主要有3条：

第一条路线是太平洋迁徙路线，主要是从阿拉斯加到西太平洋群岛，经过我国东部沿海省份。

第二条路线是东亚—澳大利亚迁徙路线，主要是从西伯利亚到新西兰，经过我国中部省份。

第三条路线是中亚迁徙路线，主要是从南亚、中亚各国到印度半岛北部，经过我国西藏，翻越喜马拉雅山。

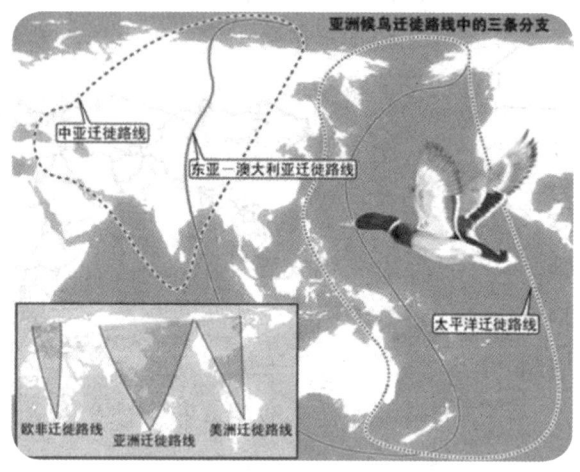
🔴 鸟类迁徙路线图

既然选择了去远方，就要先准备点粮食。庄子在《逍遥游》中，讲到出远门要备粮，"适莽苍者，三飡而反，腹犹果然；适百里者，宿舂粮；适千里者，三月聚粮。"古代人类在上路前要积累足够的粮食。鸟类也是如此。

鸟类无法携带足够的食物，但是可以把食物以脂肪的形式存储在身体内。鸻鹬类可从澳洲大陆跨越西太平洋，直接飞到我国长江口。它们迁徙前体重可以达到平时体重的数倍。

在鸟类的世界中，它们不需要钱，但是需要能量。此外，鸟类需要考虑时间，因为它们的繁殖周期是有规律的。因此，迁徙之前，鸟类也要算一笔能量和时间账。不同的鸟儿将采取不同的策略。

迁徙时间和能量消耗是鸟类迁徙对策的核心,目前已知的鸟类迁徙对策有:

1. 时间最短对策。即鸟类缩短迁徙时间,以最快的速度完成整个迁徙过程。

用该对策的鸟类一般在离开中途停歇地时携带尽可能多的能量,以减少在迁徙途中的停歇次数。因此,随着它们在中途停歇地能量积累速度的增加,其携带的能量也显著地增加。

用该对策的鸟类一般能够尽早到达目的地,从而占据条件良好的栖息地。此外,鸟类缩短迁徙途中的时间,可以降低整个迁徙过程中被天敌捕食的风险。

2. 总能量消耗最小对策。

用该对策的鸟类通过减少在迁徙过程中的能量消耗,提高能量的利用率,从而使其在整个迁徙过程中消耗的总能量最小。

用该对策的鸟类并不需要在离开中途停歇地时携带更多的能量。因此随着它们在中途停歇地能量积累速度的增加,其携带的能量增加较为缓慢。

3. 携带额外能量所消耗的能量最小对策。

鸟类如果携带了过多的能量储备就会使体重大大增加,从而增加在迁徙过程中所消耗的能量。采用携带额外能量所消耗的能量最小对策的鸟类通过减少携带的能量,从而使其在迁徙过程中携带额外能量时所消耗的能量最小。

许多鸟类每年在繁殖地和越冬地之间进行上万千米的长途迁徙。在迁徙过程中,鸟类所消耗的能量是其在迁徙以前身体所积蓄能量的数倍。为了完成长距离的迁徙,鸟类在迁徙途中需要在中途停歇地补充食物并积蓄能量,以便为下一阶段的飞行做准备。因此,中途停歇地是联系鸟类繁殖地和越冬地的枢纽,是它们迁徙途中的驿站。

复旦大学马志军教授,对于鸟类迁徙的中途停歇地有过系统的研究。他认为：在迁徙过程中，鸟类花费大量的时间在中途停歇地补充能量，其能量的补充速度影响着鸟类的迁徙速度和迁徙方式，并决定着鸟类能否顺利完成整个迁徙活动。另外，由于鸟类在到达繁殖地的初期可能面临着严寒、食物缺乏等不利的环境条件，在中途停歇地储备的能量和营养物质对一些鸟类的成功繁殖也起到至关重要的作用。因此，中途停歇地对于迁徙鸟类完成其完整的生活史过程具有重要作用。

例如，凤头蜂鹰从位于日本的繁殖地迁往位于印度尼西亚爪哇的越冬地时，先从东海或黄海进入我国大陆，再跨过海南岛经东南亚到达爪哇。中国渤海湾是国际鸟类迁徙的重要驿站。每年无数从澳大利亚远道而来的鸟类在此地经过短暂的修整之后，再继续北上。

为了研究鸟类的迁徙习性多少是基于本能、多少是基于后天的学习，美国科学家做了一个有趣的实验。科学家对美国威斯康星州国家野生动物保护区的一个美洲鹤种群进行了长达8年的跟踪观察。这群鹤是人工养殖的，到了迁徙的时候，它们也蠢蠢欲动，也知道秋季往南、春季往北。可是世界那么大，它们不知道走哪条路线。当然，自然状态下的美洲鹤是知道迁徙路线和目的地的。既然这群美洲鹤不知何去何从，那科学家就教它们如何迁徙。

在美洲鹤出生后的第一个秋天，科学家驾驶超轻型飞机带着这群鹤进行迁徙活动。经过几次训练后，在后续的所有迁徙活动中，鹤群在没有飞机导航的情况下也能自行迁徙。这说明鹤群的迁徙是后天学习的。

🔹 美洲鹤迁移

同样是这群鹤，科学家对鹤群的组成成员进行了调整，组成了不同年龄结构的鹤群，比如有的鹤群中最年长者为1岁，有的鹤群中最年长者为8岁。

下面就是见证奇迹的时刻。通过数据分析得知，迁徙鹤群中年龄最大者为1岁时，该鹤群会偏离它们的路线约76.1千米，而鹤群中年龄最大者为8岁时，它们偏离其路线的距离仅46.8千米。这意味着7年的迁徙经验可使美洲鹤的迁徙能力得到大幅度的提高。

年长美洲鹤的社会学习经验在美洲鹤迁徙时发挥了重要作用。在某个迁徙鹤群中，如果有年长、有迁徙经验的美洲鹤，就可帮助该鹤群保持一个相对直线的路径飞往繁殖地。

人类中年长者有经验、能带路，而年轻者有速度、有活力。鸟类也有类似的现象。美国的科学家于2008—2015年，给83只金雕佩戴了卫星跟踪器，跟踪研究金雕的迁徙过程。结果很有趣，亚成年（年轻的）金雕平均时速高于成年个体；成年个体虽然飞得慢，但是有耐力，每天飞行的距离和亚成年一样。

自然很神奇，在回家的路上，人与鸟类有诸多惊人的相似。

作者：赵序茅

第三部分

发现宇宙新奥秘

第三部分
发现宇宙新奥秘

10 黑子"消失",新一轮"冰河期"要来了吗

太阳黑子是太阳活动水平的标识。而今,太阳活动水平不断下降,太阳上的黑子越来越少。2016年6月下旬,太阳上甚至没有了黑子,明亮的太阳上干干净净。难道太阳很快要进入活动低年?太阳马上要进入休眠状态?地球要进入新一轮"冰河期"了吗?

"冰河期"真的要来了吗

没有黑子的太阳(SDO卫星观测)

眼瞅着这么冷冷清清的太阳,仿佛要进入休眠状态。这不禁让我们想起了2015年流传甚广的一篇报道——《太阳2030年将休眠 地球即将步入冰河时期》。文章回忆了1645年至1715年期间的"小冰河期",当时的情况简直太凄凉了。据记载,那时太阳活动衰减到极低状态,几乎没有太阳黑子的记录。而这段时间,全球普遍出现气温下降的趋势。英国大部分河流都结冰了,人们纷纷在泰晤士河上溜冰。全世界的农作物产量降低,许多地方出现了人饿死的

现象。

对着这么衰弱的太阳再细看一眼,是不是有点背后冒冷汗的感觉?莫非历史要重现,地球提前进入寒冷的"冰河期"?

虽然太阳黑子变少和地球变冷表面上看有着70年重合的历史,但是没有证据表明"小冰河期"是由太阳无黑子引起的。事实上,与太阳活动周强弱有关的全球气温变化幅度是很小的。以往的经验表明,最近几次太阳活动周影响全球平均气温的变化大约只有0.1℃左右。因此,千万别随便断言太阳活动周期变化直接导致地球气温的骤变。

不过,太阳上持续无黑子,我们还是要引起重视。这究竟是不是意味着太阳上的黑子很快就会变得极其稀少了?太阳活动低年马上要到来了呢?

太阳黑子会迅速变少吗

答案是否定的。

众所周知,当太阳活动水平较高时,日面上的黑子就会非常多;反之,当太阳活动水平较低时,日面上的黑子就会比较少。尤其是当太阳活动水平非常低时,日面上就没有黑子,这种情况称之为"无黑子日"。在太阳活动

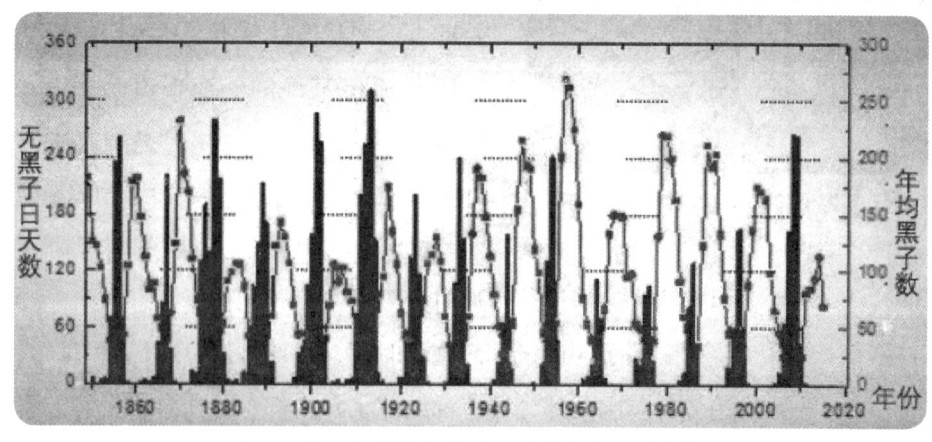

1849年以来每年无黑子日天数和年均黑子数

谷年，这种现象会频繁出现。

在上页图中，我们给出了自1849年有无黑子日记录以来至今所有年份的无黑子日的天数，同时附以年均黑子数，并进行了比较。可见，自第10活动周（1855—1867年）以来，在所有大活动周（太阳活动整体水平相对较高），无黑子日持续出现的年份基本上都是处于该活动周接近末尾的下降阶段；而在小活动周（太阳活动整体水平相对较低），无黑子日持续出现的年份大部分处于该活动周的下降阶段。

值得注意的是，在太阳活动水平最低的第12活动周（1878—1890年）和第14活动周（1902—1913年），太阳活动高年偶尔出现了无黑子日。第24活动周也是一个小活动周，太阳活跃程度与上述两个活动周水平相当，巧合的是在2014年也出现了1天无黑子日。

因此，回顾历史，我们可知，从2007年开始的这次活动周与第12和第14活动周类似，在未来的几年里，无黑子日将会越来越多，太阳上的黑子将会慢慢地变少，一直到本次活动周结束。

众所周知，太阳黑子是太阳活动的标识，随着无黑子日越来越多，本次活动周慢慢地到达它的谷年。那么，本次活动周的太阳活动究竟到了哪个阶段呢？

第24活动周什么时候结束呢

首先，我们给出第1—24活动周每周太阳黑子数的出现情况，看一看第24活动周的进展。右图中，每个空心柱子表示整个活动周的太阳黑子数量；每个斜线实心柱子表示每个活动周前91

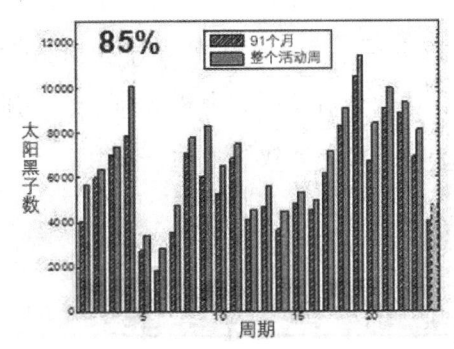

● 第1—24活动周的黑子数

个月的太阳黑子数量（截至 2016 年 6 月，第 24 活动周过去了 91 个月）。从图中可知，第 1—23 活动周前 91 个月的黑子数占活动周总黑子数的 85%。以此类推，第 24 活动周在未来的几年里还剩大约 85% 的黑子还没有出现。

此外，根据对过去太阳活动周情况的统计，可知平均一个活动周大约有 11 年。但是，每个活动周的长度不同，有的活动周持续时间长，有的活动周持续时间短。

由上页图可知，第 4 活动周长达 164 个月，而第 2 活动周则仅有 107 个月，并且和下图比较，可知太阳活动周的长度与太阳活动水平高低不是相对应的，太阳活动水平较低并不意味着活动周也较短。

因此，仅凭历史的统计数据，不能断定第 24 活动周的长度究竟有多长。即使最保守估计，以第 2 活动周作为参考，本活动周仍将持续一年多的时间；而最乐观的估计，以第 4 活动周作为参考，本活动周还将持续 6 年之久。

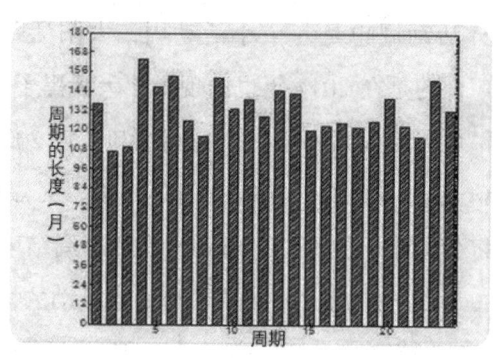
第 1—23 活动周的长度

当然，我们不能简单地根据历史统计数据，给出过于模糊的结论，必须采用一定的预报方法，进一步分析本活动周的长度。在第 23 活动周的预报中，我们采用相似周方法，得到了比较理想的预报结果。鉴于本活动周与第 12 和第 14 活动周活动水平相当、走势相似，在第 24 活动周预报中，我们以这两个活动周作为相似周，给出预报结果：预计本活动周将在 2019—2020 年结束，大致持续 11—12 年。

我们可以高枕无忧了吗

既然本活动周快要结束,并且是黑子数持续下降的年份,是不是就没有什么重要的空间环境事件值得我们注意了呢?

现实当然没有那么简单,不要天真地幻想过风平浪静的日子,那样只会分分钟被火热的太阳打红脸。因为,即使在太阳活动下降年,也还是有许多的"暗礁"等待着地球这艘大船。

首先,不能排除有强空间环境事件发生的可能性。例如,在2003年10月底至11月初,发生了著名的"万圣节太阳风暴事件",爆发了X28级太阳耀斑,这是历史上有记录以来最强大的耀斑。当时,约半数人造卫星出现故障,全球的通信受到干扰,全球定位系统精度降低。而2003年正值第23活动周的下降年,已经进入该活动周的第8个年头。

△ 万圣节事件期间的X28级耀斑

其次,地磁活动与太阳黑子数的发展特性有明显的差异,它要慢半拍。一般来说,地磁指数的极值约会出现在太阳黑子数极值后一年,且呈现明显的双峰结构。这主要是因为在太阳活动下降年,冕洞会频繁地登上太阳活跃的舞台,它喷出的高速等离子流会冲击地球的磁场,造成地磁的扰动。

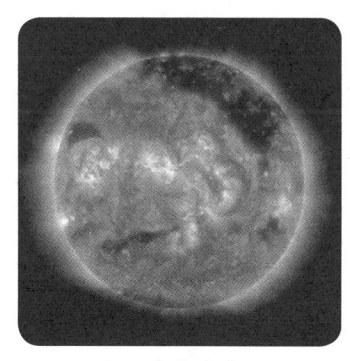
△ 黑乎乎的冕洞

此外,根据对第22和第23活动周的分析,高能电子暴主要发生在太阳活动周的下降阶段。随着活动周逐步进入谷年,该事件会持续不断地爆发,并不会因为太阳活动水平的下降而减弱。

高能电子暴,俗称"人造卫星杀手",会造成人造卫星的深层充电效应,

损坏人造卫星的材料，破坏电子器件，严重时甚至导致人造卫星报废。近十多年来，多颗人造卫星由于深层充电效应引发故障和失效，造成了巨大的影响。例如，1998年5月19日，高能电子暴造成美国GALAXY-4通信卫星由于内部充电而失效，造成美国80%的寻呼业务中断，并使金融交易陷入混乱。

因此，我们不能对空间环境掉以轻心，必须持续关注太阳黑子的变化情况，关注磁暴发生的可能性。

作者：李志涛

11 比手机频率高出 1000 倍的宇宙辐射能量，是怎样存在的

你听说过太赫兹吗？你能想象到比手机信号的频率高出 1000 倍是什么概念吗？这么高的频率波段究竟有什么用呢？

2016 年 12 月 13 日凌晨，国际权威科学期刊《自然》新创办的子刊《自然—天文学》正式上线，其创刊的首篇文章，刊登了中国天文学家领衔的南极天文观测成果。这一观测结果表明，南极冰穹 A 具有在地球上开展常规太赫兹至远红外谱段天文和大气观测的独一无二的窗口，是地球上条件最优异的天文观测台址。

太赫兹至远红外谱段——"高冷"的前沿电磁谱段

太赫兹至远红外谱段位于毫米波与光波之间，频率约从 0.3×10^{12}—15×10^{12} 赫兹（对应的波长为 1 毫米至 20 微米），是手机频率的 1000 倍以上，是天文学有待全面研究的"新"电磁谱段。

这一谱段可是令科学家们心向往之的谱段，因为它集中

了宇宙近一半的光子辐射能量，是正在形成阶段的冷暗天体的辐射、早期遥远天体发光被星际尘埃吸收后的辐射功率谱的峰值所在谱段，也是大量的星际分子转动谱线与原子精细结构谱线（俗称"指纹谱"）集中的谱段。

太赫兹至远红外谱段是穿透星际尘埃观测光学不可见天体的重要谱段。它在宇宙生命环境和极高红移早期宇宙研究等当代天文学前沿领域中具有特别重要的作用。

然而，地球大气中的水蒸气会强烈吸收太赫兹至远红外谱段的电磁辐射，导致地球上绝大部分区域的这一电磁谱段均不透明。因此，地球上大部分地区都无法实现该谱段的常规天文观测。即使是位于智利的世界最强大毫米波、亚毫米波阵列望远镜ALMA，也因台址条件限制，只能在1万亿赫兹以下谱段开展常规观测。

迄今为止，太赫兹至远红外谱段的有限天文观测主要依赖于空间望远镜或机载望远镜，但望远镜口径、观测时间等都受到一定的限制。为了建设更大口径太赫兹（或阵列）望远镜，实现更高空间分辨率及更长周期观测，天文学家一直渴望在地球上找寻一处适合太赫兹至远红外谱段观测的"高冷"之地。

南极冰穹A——"高冷"的地球"圣地"

南极就是这样一个"高冷"之地。

南极，这个被认为是地球上最不适宜人类居住的地方之一，却一直是天文学家心中的一方圣地。冰穹A是南极内陆冰盖距海岸线最遥远、海拔最高的一个冰穹，且气温极低（最低温度在零下80℃以下），被称为"不可接近之极"。

2005年，中国科考队在人类历史上第一次问鼎冰穹A。2009年，中国科考队在冰穹A建成了我国第一个南极内陆科考站——昆仑站。冰穹A这个直升机都上不去的白色高地,具有"准空间"的天文观测条件,被国际天文界广泛预测为建设地面天文望远镜(包括太赫兹、远红外谱段)的最佳台址。

冰穹 A 为中国天文学的研究和发展提供了一个新机遇。我国天文界适时提出设立"中国南极天文台"的想法。该天文台主要包括一台 5 米太赫兹望远镜和一台 2.5 米光学红外望远镜。此计划已纳入《国家重大科技基础设施建设中长期规划(2012—2030)》。

南极冰穹A站址(宫雪飞/供图)

苛刻的选址指标——大气可降水量及透过率

实现太赫兹远红外天文观测对台址的要求非常苛刻,其中一个非常关键的气象指标是大气可降水量。它指台址地表以上到大气顶部的垂直空气柱里含有水汽的总数量,也就是空气柱中的水分全部凝结成雨、雪降落到气柱底部的地表(把空气挤得一点水分都没有)所能形成的液态水深度。

全球大气可降水量的平均值大约是 25 毫米。青藏高原上冬季的大气可降水量为 3 毫米左右。前面提到的 ALMA 台址查南托高原的典型大气可降水量为 1 毫米,有近 25% 的时间低于 0.5 毫米,这里冬季可观测到 0.9 万亿赫兹的谱段,也是 ALMA 所能观测的最高谱段。而要实现更高频率的常规观测,就需要更好的观测台址,大气可降水量必须更低。

知道了大气可降水量,借助一定的大气模型,就可以给出一个台址在不同大气可降水量情形下大气透过率的理论计算方法。

测定大气透过率的关键设备——傅里叶分光频谱仪

在太赫兹至远红外谱段，基于理论模型的大气透过率计算并不十分可靠，因为这些模型中包含一些半经验项。

要评估一个太赫兹至远红外谱段天文台址所能观测的频率窗口，覆盖尽可能宽谱段的大气透过率测量是必不可少的，尤其是对于像冰穹A这样一个极冷的台址。

太赫兹傅里叶分光频谱仪（FTS）可以实现这样的观测。中国科学院紫金山天文台与美国哈佛史密松天体物理中心等合作研制了国际上首例以无人值守工作模式运行的超宽带（0.75×10^{12}—15×10^{12}赫兹）傅里叶分光频谱仪，并于2010年1月由第26次中国南极内陆科考队将其成功安装于冰穹A，投入运行。

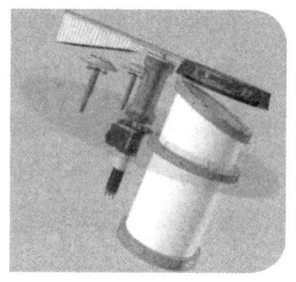

▶ 超宽带傅里叶分光频谱仪干涉仪部分照片及校准装置示意图

傅里叶分光频谱仪通过记录整个频段的天空亮度，得到天顶处的大气透过率，并通过长周期连续观测，得到统计结果，给出台址资源科学评估的依据。

打开南极"天窗"，探寻来自星星的你

2010年至2011年间，傅里叶分光频谱仪在冰穹A以无人值守远程遥控

模式连续运行了19个月，积累了系统的大气透过率观测资料。观测结果表明：冰穹A冬季典型的大气可降水量为约100微米，相当于人的两根头发丝的直径，仅为ALMA台址查南托高原冬季典型值的$\frac{1}{5}$。

大气透过率的统计结果表明：地面其他台址难以成为开展常规观测太赫兹至远红外谱段的新窗口。中国南极天文台建成后，将开辟地球上独一无二的太赫兹波段天文观测窗口。通过这些新的观测窗口，天文学家可以探索恒星及星系的形成过程、星际介质的物质循环过程，进而理解行星系统的生命起源。

作者：史生才

解读新发现

12. 钱德拉望远镜对银河系外曝光七百万秒，它究竟在拍什么

▲ X射线拍摄的图像（罗斌/供图）

看到这幅图，相信很多人都在想，这星星点点的光斑是什么呢？难道它是什么黑科技？它想传达什么信息？

实际上，这可是天文学家们2017年初得到的宝贝。它是美国航空航天局钱德拉X射线太空望远镜所拍摄的一幅X射线图像，并且是有史以来曝光时间最长、用最为灵敏的河外X射线观测得到的图像。

这幅图像总共耗费了钱德拉望远镜约七百万秒（81天）的曝光时间。七百万秒曝光时长是一个什么概念呢？

没有对比就没有差距。我们的手机相机的曝光时间通常是千分之一秒量级。也就是说，这次钱德拉望远镜的曝光时长是我们手机日常拍照曝光时长的数十亿倍。

科学家拍这幅图有什么用呢？上边提到的钱德拉望远镜究竟是做什么的？原来，它是用来研究黑洞的，而且是超大质量的黑洞。

图像中的亮点大多数是活跃增长中的超大质量黑洞，这些黑洞的质量约是太阳质量的 10 万—100 亿倍。

虽然钱德拉望远镜整个巡天区域面积仅仅只是满月面积的 60%，但是天文学家们仍然从这次最深的 X 射线巡天观测中，发现了前所未有的高天空面密度的超大质量黑洞。这种超大质量的黑洞在满月大小的区域中有 5000 个，而整个宇宙预计能有 10 亿个这样的黑洞。

钱德拉 X 射线卫星中心等单位发布了这项研究成果。美国宾州州立大学的 Niel Brandt 教授在第 229 届美国天文学会年会的新闻发布会上也对相关发现作了通报。

现在，咱们一起来探究一下这项成果中最重要的超大质量黑洞。

超大质量黑洞是什么

大家对黑洞这个词本身可能并不陌生，它频繁出现于引力波的新闻报道和各类科幻电影中。

通常，人们提到的黑洞是指恒星量级的黑洞，质量大约在 3—100 倍太阳质量之间，是由大质量（约 25 倍太阳质量以上）恒星塌缩形成的。

作为这些恒星量级黑洞的"巨无霸"同胞，那些质量是太阳质量十万至几十亿，甚至上百亿倍的黑洞，就被称为超大质量黑洞。

与恒星量级黑洞相比，这些超大质量黑洞的形成机制及其在宇宙中的分布状况都还是未解之迷。目前，科学家们通过观测，仅发现这类黑洞广泛存在于大质量星系的中心，包括我们的银河系中心。

如何证明超大质量黑洞的存在

事实上，超大质量黑洞存在的最有力证据，就来自于我们银河系中心。由于光不能逃逸出黑洞，因此黑洞本身并不能被直接探测到。天文学家

通过对银河系中心附近多个恒星运动轨道二十多年的精确测量，推断出这些恒星之间小于1光周（光传播一周的距离，约1800亿千米）的尺度里面存在一个质量约是太阳质量400万倍的天体。

这样的致密天体，唯一的可能性就是超大质量黑洞。

有一些超大质量黑洞是十分活跃的。天文学家对超大质量黑洞的观测研究主要针对这类活跃增长中的黑洞。它们位于星系的中心，贪婪地吞噬星系中的气体，以获得自身的增长。气体在落向黑洞视界的过程中会被加热，从而产生可以被探测到的电磁波辐射。这些被观测到的天体通常被称为活动星系核。

在20世纪二三十年代，这类天体刚被发现时，也被人们称为类星体，因为在光学图像上，它们看上去和恒星非常相似。当然，当时的科学家们还没有黑洞的概念，也不知道这类天体的本质是什么。

这类增长中的超大质量黑洞是宇宙中的一种极端天体。它们可以在星系万分之一的尺度里产生一万倍星系的能量，并通过全波段的电磁波辐射到宇宙中。

近年来，随着观测手段的进步，天文学对超大质量黑洞的理解有了长足的进步。

目前观测到的最遥远的增长中的超大质量黑洞，位于宇宙大爆炸后约8亿年，目前宇宙的年龄约137亿年，也就是说，我们观测到了129亿年前黑洞附近的电磁波辐射。

观测结果还表明，在这上百亿年的时间里，很有可能超大质量黑洞的增长演化是与它们所属星系的演化息息相关的。

同时，人们还发现原来明亮的类星体只是超大质量黑洞的冰山一角，更多黑洞的质量增长可能是以更缓和（相对较小质量星系中）以及更隐蔽（被气体和尘埃所遮蔽）的方式进行的，不能被通常的光学观测所发现。

X射线深巡天究竟是什么

基于目前对超大质量黑洞的了解,天文学家们开始尝试解答如下两个问题:超大质量黑洞是如何形成的?它们是如何在宇宙学的时标中与星系共同演化的?

解决这些问题的前提是探测到一个相对全面而完备的超大质量黑洞样本,这就需要X射线进行深度曝光观测。

由于这类天文观测没有特定的指向目标,而是对一片太空区域进行全面探测,因此也被称为X射线深巡天。超大质量黑洞的增长(吞噬气体)通常伴随着显著的X射线辐射,而X射线辐射对气体和尘埃有很强的穿透性(这也是为什么医院可以用X光拍摄人体牙齿和骨骼的照片),因此,X射线是探测这些黑洞有效而高效的手段。

钱德拉望远镜的优势是它的仪器设计精密,观测几乎没有本底噪声,同时具有所有同类仪器中最好的空间分辨率。因此,天文学家可以通过增加曝光时间的方法来探测到更多更弱的X射线光源——绝大多数这些X射线都来自增长中的超大质量黑洞。这也是七百万秒钱德拉X射线深巡天的由来,而这一巡天被称为钱德拉南天区深巡天。

目前,天文学家正在对这个相对完备的大样本黑洞的数十亿年宇宙学增长做系统性研究,其中部分关于超大质量黑洞的物理性质及"种子"的研究成果已经发表。

作者:罗斌

"悟空"火眼金睛，洞察宇宙奥秘

北京时间2015年12月17日，中国第一颗天文卫星——暗物质粒子探测卫星"悟空"顺利升空。

北京时间2017年11月30日凌晨2时，《自然》杂志在线发表了"悟空"卫星的首篇科学论文。"悟空"卫星的科研人员成功获得了目前世界上最精确的高能电子宇宙线能谱。在"悟空"卫星两周岁生日之前，科学家们为它送上了一份大大的生日礼物。

媒体纷纷以"中国科学家揭开暗物质之谜""'悟空'找到了暗物质"这样的标题进行了报道。但是作为暗物质粒子探测卫星，第一次发布的重大成果怎么是"获得了高能电子宇宙线能谱"呢？

要回答这个问题，就要先说一说高能电子宇宙线能谱和暗物质探测的关系。

高能电子宇宙线能谱和暗物质有何关系

首先，暗物质真的存在吗？

为了回答暗物质是否存在这个问题，一些人选择了一条不太好走的路——在实验室里寻找暗物质。人类如果能够在实验室里找到暗物质，不但可以回答暗物质是否存在的问题，还可以回答暗物质到底是什么的问题。但事实上，我们仍然要从天文观测中去寻找线索。

1. 为暗物质"画像"。

根据天文观测结果，人们获得了两条关于暗物质的重要线索，并为暗物质进行了"画像"。

其一与宇宙的大尺度结构相关。

大尺度结构的演化模式与暗物质的速度这一属性相关。如果暗物质运动速度很快（快到接近光速），那么它们形成的结构应该是早期大、后期小（碎裂模式）；反之则是早期小、后期大（增长模式）。

观测结果告诉我们，宇宙的结构是由小到大增长的。这说明暗物质的速度应该比较小，称作"冷"暗物质。这也意味着暗物质会比较重，不容易获得快的速度。

其二与暗物质的丰度有关。丰度就是暗物质在宇宙中的占比。

我们知道宇宙始于大爆炸，从高温高密的状态逐渐膨胀、冷却至今天的状态。

在早期高温高密的条件下，宇宙发生了很多物理变化，其中之一就是粒子和反粒子的湮灭以及产生。这样的过程频繁地发生着，直到宇宙膨胀、冷却至某个特定时刻，粒子和反粒子由于碰撞率变低而碰不到一块儿，这个过程就停止，剩下的粒子和反粒子也遗留下来。

粒子和反粒子湮灭和产生的过程何时停止呢？这个时刻取决于粒子和反粒子湮灭的概率（术语叫截面），即粒子之间的相互作用强度。而这个停止时刻又决定了剩下的粒子的数量。

假设暗物质粒子及其反粒子在早期宇宙中经历了类似这样的过程，那么根据今天剩余的暗物质丰度，我们可以反推暗物质的湮灭概率，得到其概率恰好在弱相互作用的水平。

● 子弹星系团，是宇宙中一大一小两个星系团相撞后留下的混合体。

这也解释了为什么我们不能直接看到暗物质：因为它们的相互作用本来就很弱。

根据这些结果，我们便可以勾勒出暗物质极有可能的模样：一种具有弱相互作用的大质量粒子。

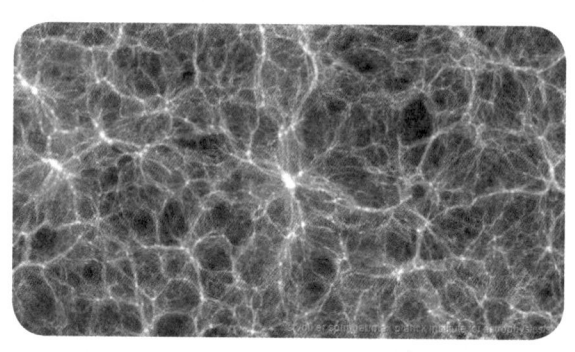

● 电脑合成的数百万光年以外的太空中暗物质图

2. 到宇宙中寻找暗物质的踪迹。

科学家琢磨出了三套"抓捕"暗物质的方案，简称为"入地、上天、对撞"。

"入地"指的是在地下设置探测靶子，等待暗物质自投罗网。这个方案探测的是暗物质粒子和普通物质粒子之间的碰撞过程。因为空气中有许多宇宙射线粒子，这些粒子会干扰探测，所以探测靶子一般要"入地"，以屏蔽掉宇宙射线的本底。

"对撞"指的是在大型粒子对撞机上产生出暗物质粒子。因为大型加速器和对撞机的建造费时、费力、费钱,这个方案的代价很高昂。

"上天"指的是发射空间高能粒子探测器,探测暗物质湮灭或衰变的产物,如正负电子、正反质子、伽马光子等。因为这些粒子无法穿过地球大气层,所以需要"上天"探测。"悟空"卫星执行的就是"上天"探测任务。

"熊猫"实验组的研究人员准备进入中国锦屏地下实验室

这种方法的基本思路很简单,虽然我们"看不到"暗物质粒子,但是暗物质粒子在与暗物质粒子碰撞后,会产生我们能够"看到"的粒子,如伽马射线、电子和正电子、质子和反质子、中微子等,因此我们可以通过探测"看得到"的粒子,来探测"看不到"的粒子。

造价不菲的欧洲大型强子对撞机

而且,暗物质粒子湮灭过程中产生的高能电子反映在能谱上,是一些奇特的特征信号。常规的天体物理变化过程,其电子能谱是平滑变化的,而暗物质湮灭产生的电子能谱会在其对应的质量处呈现出一个截断,甚至有可能产生单一能量的电子,于是我们在电子能谱上可能会看到快速截断或者单能线谱一类的特征。

如果卫星的探测精度足够高,是有可能揭示这些特殊结构的。这也是暗物质粒子探测卫星发布的第一个成果是获得高能电子宇宙线能谱的原因。

目前,国际上的暗物质探测实验以"上天""入地"为主。我国开展的暗物质探测实验包括暗物质粒子探测卫星"悟空"、锦屏地下实验"熊猫"和 CDEX,并且参与了一些国际合作项目,如"阿尔法磁谱仪"等。

在暗物质探测方面，我国虽然起步较晚，但发展迅速，已经站在了国际前沿，取得了很好的成果。其中"熊猫"实验在2016年和2017年两度报道了其以世界最高灵敏度对暗物质搜寻的结果，虽然没有发现暗物质，但是给出了对暗物质属性最为严格的约束。

我们找到暗物质了吗

目前还不能说找到，但"悟空"卫星正在用它的火眼金睛，洞察宇宙的奥秘。

"悟空"卫星至今已稳定在轨运行了3年多的时间，获取了35亿高能宇宙射线事例。由于其独创性的设计，"悟空"卫星的花费比国际同类仪器少很多，但是在电子/伽马的能量测量精度和质子—电子鉴别能力等指标上却达到了国际最高水平，从而也成为国际上探测暗物质的利器。

1. "悟空"卫星发布了什么成果？

"悟空"卫星发布的第一个重大科学成果，就是给出了高能宇宙射线电子能谱最为精确的测量结果。

这一结果反映了电子宇宙射线能谱两个有趣的特征：①电子能谱在大约1 TeV（TeV为万亿电子伏特，相当于可见光能量的一万亿倍）能量处呈现出一个拐折；②在能量约1.4 TeV处发现一个尖峰状精细结构。

2. "悟空"卫星的成果有何意义？

得益于"悟空"卫星的高能量分辨率和低本底混入率，它的精确测量结果可以显著地改善我们对电子宇宙射线模型的认识。

第一个特征是能谱拐折，之前的实验HESS虽然曾观测到类似的现象，但由于误差很大，因此不能明确下结论。空间实验Fermi-LAT的结果却没有拐折，"悟空"卫星的探测结果清晰无误地呈现出了这个拐折。这个能谱拐折说明银河系中电子宇宙射线源的分布特征出现了明显变化。

因为电子在宇宙空间中传播的时候会通过同步辐射等过程损失能量,越高能量的电子能量损失的速率越快。这意味着越高能量的电子,传播的范围越小。例如,含 1 TeV 能量的电子基本上只能传播 3000 光年的距离,而含 10 GeV 能量的电子则可以传遍整个银河系。由于高能电子的传播范围小,在这个范围内,源的数目也稀少,因此,我们在地球附近观测到的高能电子很可能只是来自于个别源。低能电子的情况则有所不同,它是大量源的平均效应。

打个比方,就好像我们炖一锅骨头豆子汤,如果把骨头切成和豆子一般大小,那么我们随便盛一勺汤,里面总会有豆子和骨头;如果骨头很大块,数量也没有豆子那么多,那么我们随便盛一勺汤,里面可能有骨头,也可能没有骨头。

第二个特征是"悟空"卫星率先观测到、之前的所有实验中都没有看到的现象。可以说,1.4 TeV 处的尖峰状精细结构是所有人都没有预期到的新现象。这意味着宇宙空间中可能存在着能量约 1.4 TeV 的新粒子,或许它就是人们长期以来苦苦搜寻的暗物质粒子。

还有一种可能性是宇宙中存在某类独特的粒子加速器,可以将电子加速到单一能量。要知道,此前只有在实验室中通过精细调节实验装置,我们才能够获得单能粒子束。科学家们猜测,脉冲星或许可以扮演这个角色。脉冲星是恒星死亡后留下的一种遗迹,是一种极端致密、强磁场、快速转动的天体。脉冲星稳定转动形成的感应电场或许可以加速出单一能量的高能电子。

无论是哪种情况,这都将是粒子物理或天体物理领域的开创性发现。

我们距离"找到暗物质",还有多远

"悟空"卫星的首秀就发现了超出人们预期的新现象。不过,由于高能量粒子数量稀少,现在还不能完全排除这是统计波动影响的结果。"悟空"

卫星的当务之急是继续收集数据，提高统计量，验证该新结构的真实性。可以预计，再经过一段时间，"悟空"卫星的数据将证明1.4万亿电子伏特处的这个尖峰状精细结构的真伪。

需要补充的一点是，很多人关心"悟空"卫星未来还能在轨运行多久、能收集到多少粒子这个问题。目前，"悟空"卫星的工作状态十分稳定，每天平均收集500万个粒子，预计还将服役1年多。在理想状况下，我们将还能收集到20亿个粒子，届时我们将能对许多问题给出清晰的说明。

此外，"悟空"卫星的探测结果也给别的实验提供了一个潜在的目标，给出了参考指标。例如，未来的对撞机实验可以有针对性地对这个能量段进行设计；地下实验也可以试图提高对更重的暗物质粒子探测的灵敏度；其他空间实验可以验证"悟空"卫星的探测结果或者进行伽马射线等观测辅助实验，以检验该结果的物理起源（暗物质模型和天体物理模型会预测不同的伽马射线信号）。

我们相信，暗物质在不远的将来就会露出它的"庐山真面目"。

作者：袁强

14 全世界望远镜共同见证双中子星合并，多信使天文学时代正式开启

人类首次探测到双中子星合并的引力波以及相对应的电磁信号

北京时间2017年10月16日晚10时，在华盛顿全国新闻俱乐部，激光干涉引力波天文台执行主任大卫·莱兹宣布，激光干涉引力波天文台和室女座引力波天文台于2017年8月17日首次发现了一种前所未有的新型引力波。

这种引力波由两个质量分别为1.15个和1.6个太阳质量的双中子星合并所产生，根据探测日期确定其编号为GW170817，距地球1.3亿光年。此外，在全世界众多天文学家及探测设备的协同努力之下，研究人员还发现了该引力波的电磁对应体。

2016年初，大卫·莱兹曾站在同一个地方，宣布人类首次探测到了引力波——那时候我们说，多信使天文学新纪元即将开启。在这一次GW170817的探测中，人类首次同时探测到了引力波及其电磁对应体。这可以视作引力波多信使天文学纪元真正意义上的开端，在天文学发展史上有着划时代的重大意义。此外，双中子星合并通常被认为是伽马射线暴

的一类产生源，会产生很多不同的物理现象，我们综合引力波、电磁波等多种方式的观测，就能够对中子星这一充满谜团的天体了解得更为详细。

此次能探测到双中子星合并产生的引力波完全是一个意外，而且时间比预期的来得早。此前，科学家们根据对双中子星的了解和激光干涉引力波天文台探测灵敏度的分析比较，估计至少要等到激光干涉引力波天文台进一步升级、达到预期灵敏度之后，激光干涉引力波天文台和室女座引力波天文台才有可能探测到双中子星合并的现象。人类提前成功地探测到双中子星合并，算得上是一个意外的惊喜了。究其原因，除了探测到的这一系统距离我们比较近之外，多方面联合协作也是促成此次成功探测的重要因素。

全球协作，锁定目标

2017年8月17日，全球各地的天文学家们获得了一个消息，激光干涉引力波天文台和室女座引力波天文台探测到了一个持续时间为100秒左右的新引力波信号，其形式与两个中子星的合并相一致。在该引力波信号到达后大约1.7秒，NASA费米卫星搭载的伽玛暴监测器和欧洲INTEGRAL望远镜搭载的SPI-ACS探测器均探测到了一个暗弱的短时标伽马射线暴，并将其命名为GRB170817A。由于两者时间和空间的一致性，伽马射线暴被认为与引力波事件成协（"成协"指两种现象是相关的）。

在得知这一消息之后，全世界各地的望远镜就开始了忙碌的观测。在11小时之内，位于智利的Swope超新星巡天望远镜首先在星系NGC4993中观测到了明亮的光学源，初步确认其光学对应体的编号为AT2017gfo/SSS17a。在此之后，其他几个研究团队分别独立探测到了该光学源，从而加以确认。

在接下来的几个星期之内，天文学家动用了世界上最为先进的一些望远镜，如钱德拉X射线空间望远镜、哈勃空间望远镜，位于智利的口径达到8.4米的甚大望远镜，以及亚毫米波段灵敏度最高的阿塔卡马大型毫米波阵ALMA等，对该区域开展了紧锣密鼓的观测。这些观测对此次引力波事件进行了从合并前约100秒到合并后数星期的全面描述，最终证实了科学家的猜想：NGC4993星系中的两个中子星合并，产生了引力波、短伽玛暴和千新星。

此次探测堪称全球协作的一次完美体现。不过，就像大卫·莱兹在发布会上所说，NASA费米卫星伽玛暴信号的探测使得此次激光干涉引力波天文台探测大放光彩。尽管引力波信号先于伽马射线信号产生，但有趣的是，NASA费米卫星发送的探测信号要早于激光干涉引力波天文台团队发送的信号。原因在于，NASA费米卫星的伽玛暴监视器在探测到伽玛暴信号GRB170817A之后，自动向GCN系统发送了相关警报。而激光干涉引力波天文台的自动数据分析耗时约6分钟——科学家们先是在激光干涉引力波天文台汉福德观测站几乎同一时刻的数据中，找到了一个引力波事件候选体GW170817，发现此引力波比GRB170817A早2秒发生，激光干涉引力波天文台和室女座引力波天文台快速响应团队随后手动检查了数据，才向其签订合作协议的组织发送了警报。之后，科学家又进一步在欧洲INTEGRAL卫星的观测数据中确认了伽玛暴信号的存在。本来平淡无奇的伽玛暴信号，因为它与一个很强的引力波候选体同时存在，一下子引起了整个天文界的观测兴趣。此天区也成为了一个热门的观测对象。

在9月底的第四次引力波发布会上，姗姗来迟的室女座引力波天文台，使得激光干涉引力波天文台探测器的空间定位范围从1160平方度收缩到100平方度，两者协同合作，将空间位置的精确性大大提

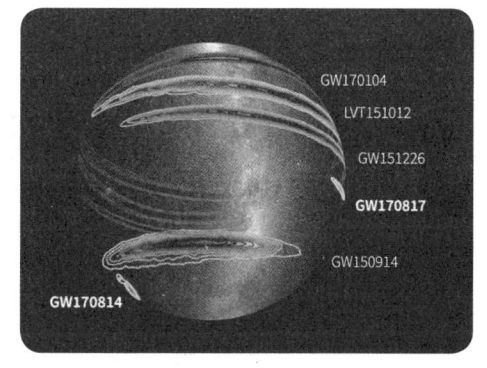

目前探测到的5次引力波空间定位比较图

升。如果进一步利用贝叶斯统计方法对所有可能参数进行估算,空间定位将进一步缩减至 60 平方度。这样一来,空间定位的准确性就足足提高了近 20 倍。在这次双中子星合并事件中,三个探测器最终将产生源定位于一个 28 平方度的范围之内。正因为空间定位的准确性大大地提高,电磁波段所探测到的空间确认才成为可能。

联合观测还有一个重要意义是人们的快速反应。无论是费米观测到的伽玛暴,还是激光干涉引力波天文台和室女座引力波天文台看到的引力波,持续时间都非常短暂,所以需要其他天文台和观测者立即对于可能区域进行后续的追踪观测,这就需要某个系统即时向观测者通知被观测对象可能的位置信息。

对于伽玛暴而言,20 世纪末 BeppoSAX 卫星在轨工作期间,网络已经兴起,NASA 建立了一个伽马射线暴协调网络的邮件系统。某个卫星一旦探测到伽玛暴信号,就会以最快速度把伽玛暴的位置信息发送到此系统中,凡是订阅了该邮件系统的人都能够即时收到提示,以便开展可能的观测。此次费米观测正是利用此系统,将观测信息以最快的速度通知了全球的很多组织,随后才有众多望远镜纷纷加入观测。当然,对于激光干涉引力波天文台和室女座引力波天文台而言,为了保证其可能的后续观测,他们与全球近 70 个观测组织(中国有将近 10 个组织)签订了合作备忘录。一旦引力波信号被探测到,他们会通过其特有的渠道传递相关信息。

比双黑洞合并更美的双中子星合并

正如发布会上提到的,这次探测到的引力波是由双中子星合并而产生的,之前公布的 4 例引力波事件都是由双黑洞合并所产生的。两者的最大差别在于,双中子星合并会产生电磁波辐射,而对于黑洞,我们通常认为它不会产生电磁波辐射。这一点已被观测结果所验证。

什么原因导致了此种差别呢？按照天体物理辐射的理论要求，天体要产生电磁辐射，周围就必须有气体。对于黑洞系统而言，尽管黑洞在最初产生时，周围可能有很多气体，然而在漫长的演化过程中，如果没有其他气体来源的话，在黑洞合并的最后阶段，气体已消耗完毕。所以黑洞无法产生电磁辐射，只能产生扰动时空的引力波——就像科学家前4次探测到的那样。

双中子星在合并之前，其周围的气体很可能也已消耗完毕。然而，双中子星合并的过程中，会有部分物质以接近光速或远低于光速的速度被抛射出去，从而产生我们看到的各种电磁现象——短时标伽马射线暴（简称伽马暴）、伽马暴余辉和千新星。其中以接近光速运动的物质产生了费米卫星观测到的伽马暴，而低速运动的物质产生了被很多的光学/红外望远镜捕捉到的千新星。

因为产生引力波的天体不同，所以我们观测到的引力波形会存在较大差别。中子星的质量相较于黑洞要小很多，合并过程中对于时空的扰动变形程度很小，所以，在目前探测器灵敏度确定的情况下，我们只可能探测到比较临近的引力波信号。这次

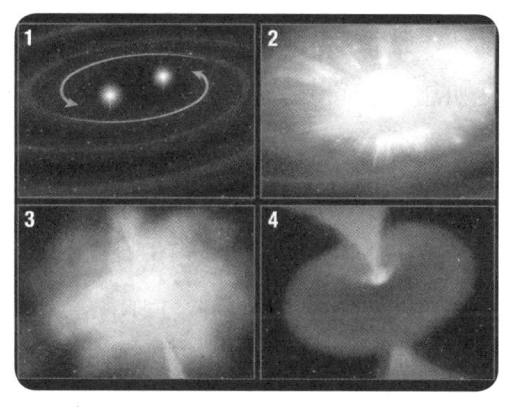

▲ 双中子星旋近，最终合并产生千新星的过程

探测到的引力波源距离地球1.3亿光年，是目前探测到的所有引力波源中最近的一例。通过波形的拟合，科学家们确定了两个中子星的质量分别大约是1.15个和1.6个太阳的质量，合并后的天体质量约为2.74个太阳的质量，抛射出去的物质仅有0.01个太阳的质量。

已解之惑与未解之谜

科学家们希望通过对引力波和电磁波的联合观测、研究,能够为一些问题提供部分答案。遗憾的是,受限于目前引力波探测设备的灵敏度,引力波信号曲线并不是很好,所以到目前为止对中子星内部结构问题的探索仍然没有得到答案。但是,对于双中子星合并之后抛出了多少物质的问题,科学家们已经有了初步的答案。

比如双中子星合并之后是产生中子星,还是产生黑洞?我们现在依然无法确定。但科学家们发现,双中子星合并产生了2.74个太阳质量的天体。这一发现填补了黑洞和中子星质量之间的空白。

尽管科学家们没有观测到中子星的内部信息,也不知道最终的合并物是什么,但众多后续电磁观测结果还是告诉我们了一些之前不太确定的信息,比如甚大望远镜的光谱观测确认了重金属(如金、银等元素)的来源,即大多数重金属元素就是在中子星合并的过程中产生的。

之前科学家曾在短时标伽玛暴中探测到了3起疑似千新星事例,但那只不过是在余辉的光变曲线当中看到了几个数据点而已。由于此次观测距离很近,并且伽玛暴余辉很弱,因此完全可以确认千新星的存在。另外,通过对其光变曲线演化的拟合,可以推断大约有百分之一的物质在双中子星合并过程中被抛射出去。

除此之外,结合电磁信号和引力波信号的观测,科学家一方面通过这两个信号到达的时间差,检验了爱因斯坦的弱等效原理(这是爱因斯坦广义相对论和其他引力理论的基石);另一方面,对宇宙学的一些最基本参数做出了限制,如用来描述宇宙膨胀快慢的哈勃常数。

这是人类历史上第一次同时探测到引力波及其电磁对应体,它必将成为引力波天文学史上一个非常重要的里程碑。此次探测为我们解答了一些疑惑,同时也提出了更多问题。与历史上所有天文发现一样,它是人类好奇心的胜利与新起点。在多信使引力波天文学时代的帷幕由此拉开之后，我们相信，在人类的团结协作下，更多的宇宙奥秘将被一一揭晓。

🌢 南极巡天望远镜AST3

🌢 硬X射线调制望远镜

作者：苟利军　黄月

中国人第一次用自己的望远镜找到新脉冲星！500米口径球面射电望远镜首秀实力不俗

2017年10月10日，中国科学院国家天文台发布消息，宣布我国使用位于贵州的500米口径球面射电望远镜找到了2颗新的脉冲星。发布会上，科学家提到，其实他们已经发现6颗新的脉冲星，不过由于发布会是几周前开始准备的，所以只发布了2颗。这是中国人第一次使用自己的望远镜找到新的脉冲星。

脉冲星是特殊的中子星，因为其辐射束会周期性快速地扫过地球，使得地球上的人看到一个个周期脉冲而得名。脉冲星可谓宇宙中最为神奇的天体之一。为什么这么说呢？

因为通过对脉冲星的观测，我们不仅能够研究脉冲星自身的极端物理状态，还能对星际介质、银河系磁场、引力波等目标进行研究。也正因为脉冲星的特殊性，诺贝尔物理学奖两度授予了脉冲星的相关发现（即发现第一个脉冲星；发现第一个双星系统中的脉冲星，并利用它很好地验证了引力波辐射理论）。

目前已知的2000多颗脉冲星中，大部分脉冲星是澳大利亚Parkes望远镜使用多波束接收机通过巡天观测找到的。

多波束接收机的使用，使得一架望远镜的功能相当于好几架望远镜的功能，这也是 Parkes 望远镜成功的原因之一。

500 米口径球面射电望远镜安装的是 19 波束接收机，能开展同时性多目标巡天。有分析认为，500 米口径球面射电望远镜得益于巨大口径带来的高灵敏度，未来有希望找到 4000 颗脉冲星，这里面将会有不少有意思的发现。

脉冲星的特殊性，以及 500 米口径球面射电望远镜在脉冲星搜寻中的优势，使得寻找未知脉冲星成为 500 米口径球面射电望远镜重要的科学目标之一。

那么，500 米口径球面射电望远镜目前是怎么寻找脉冲星的呢？说起来，这不仅是个技术活，还是个体力活。

漂移扫描观测

我们知道，500 米口径球面射电望远镜可以通过调节馈源仓位置和面板形状来调节它的指向，从而观测天空中某个特定的位置。不过，在 500 米口径球面射电望远镜建成早期，它的各个系统还不能很好地协调运行，指向调节尚不灵活，所以，科学家们通常使用一种称为"漂移扫描"的方式来进行观测。所谓的"漂移扫描"其实很简单，和"守株待兔"的思路有点像，就是望远镜不动，如固定地指向天顶，天体东升西落，自己运动到望远镜的视野里面。使用"漂移扫描"，望远镜只能盯着某个赤纬（天球坐标系中的赤道坐标系的纬度，类似于地理经纬线在天上的投影），所以只能观测到这个赤纬上的源。随着时间的推移，这个赤纬上的天体就会依次被望远镜所观测到。

如果我们想看其他纬度的天体，该怎么办呢？那就得调节望远镜的指向，让它指到其他纬度上（500 米口径球面射电望远镜建成早期只是转动得

不灵活,不是不能动)。通过"漂移扫描",500米口径球面射电望远镜不用怎么转动就能对天空进行扫描观测。

不过用这种方式进行观测有个缺点,就是每次天体经过望远镜视野的时间很短,对500米口径球面射电望远镜来说,最长的时间也就1分钟不到。观测时间短,意味着我们只能看一些比较亮的天体。好在500米口径球面射电望远镜够大,很多其他望远镜觉得暗的天体,对500米口径球面射电望远镜来说都是"比较亮"的。

说了这么多,我们要寻找的脉冲星在哪儿呢?脉冲星在银河系里主要分布在银盘和球状星团中。500米口径球面射电望远镜在进行"漂移扫描"的时候,会"扫"过银盘,只要我们对相应的数据进行分析,就有可能找到新的脉冲星。

▲ 这是光学波段整个天空的照片,正中央是银心所在。图中圆圈指示的是此次发现的一颗脉冲星J1859-0131在银河中大致的位置

脉冲星数据

在"漂移扫描"过程中,我们需要记录能够用来搜寻脉冲星的数据。这

需要满足两个要求：一是足够高的时间分辨率，二是一定的频率分辨率。

一般地说，我们会周期性地看到脉冲星发出的脉冲信号。相邻两个脉冲信号之间的时间差（所谓的脉冲周期），在 1.4 毫秒到 23 秒之间不等。而脉冲信号的宽度，通常只有这个时间差的十分之一。只有数据的时间分辨率足够高，我们才能探测到随时间快速变化的脉冲星信号。

我们知道，电磁波有不同的频率。最直观的感受就是自然光能够被分成彩虹色，不同颜色就是不同频率的电磁波。在记录用作搜寻脉冲星的数据时，由于后续数据处理的需要，我们要将不同频率的电磁波分成多份记录，也就是要记录光谱数据（一般叫作频谱）。电磁波分的份数越多，频率分辨率就越高，我们就能更好地探测不同频率信号的变化。脉冲星数据被要求划分一定的份数，不用太多，够用就好。

最后我们得到的会是什么样的数据呢？它们是一条条连续的频谱，且相邻两条频谱的间隔时间很短，一般只有几百或者几十个微秒。

消色散

有了观测数据，我们就可以寻找脉冲星了。脉冲星一般是很暗弱的，为此我们需要将观测到的不同频率电磁波叠加起来，得到总功率信号，这样才能更好地去搜寻脉冲星的脉冲。在叠加不同频率电磁波之前，我们要对数据进行"消色散"。

脉冲星发出的脉冲在到达地球之前，会受到银河系空间中的星际介质影响，发生"色散"。色散效应会导致脉冲星高频的电磁波比低频的电磁波先到达地球。

为了能够得到高信噪比的脉冲信号，我们需要在数据处理的过程中抵消掉色散带来的延时，即所谓的"消色散"。

不同脉冲星发出的信号经过的星际介质不尽相同，所以不同脉冲星受到的色散效应也千差万别。色散效应明显的，低频信号延时会更大。要准确消除色散效应，我们需要知道延时量的大小。但是对于未知的脉冲星来说，我们事先并不知道它受到星际介质的影响有多大。那么我们该怎么去消除色散带来的影响呢？

天文学家的做法很简单，就是去试，对同一段数据，假设其因色散引起的延时为多少，就用多个不同的延时量分别进行消色散，全部结果独立进行下一步的处理。这种方法简单、暴力，不过很有效。

找周期

电磁波经数据消色散之后，我们就可以看到一个个脉冲信号。

然而，大多数脉冲星信号都太弱了，我们是无法直接得到单脉冲信号的。如果我们能够知道脉冲星的脉冲都发生在哪些时间点，把对应数据找出来并叠加到一起，我们就有可能看到暗弱脉冲星的信号了。

幸好，脉冲星一般都有很强的周期性，方便我们去找它的信号。

这里我们需要用到前面消色散之后的数据。消完色散的数据，是总功率随时间变化的数据。我们要对这样的数据进行傅里叶变换。

假设我们使用正确消色散的数据进行傅里叶变换，而且我们足够幸运地碰上了一颗很亮的脉冲星，那么我们将非常幸运地看到下图这样的结果！

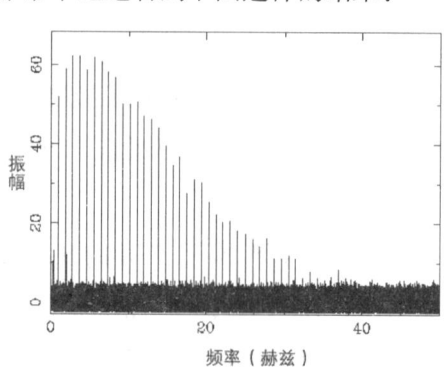

● 对脉冲星B1550-54消色散后的数据进行傅里叶变换得到的结果。横轴是傅里叶变化之后得到的频率（这里的频率是指信号变化周期的倒数，不是电磁波频率）信息。这颗脉冲星的周期大约是1秒，所以在1赫兹的地方有条很明显高出来的线。其他的线是脉冲星信号的谐波

然而，很多时候我们没那么幸运。脉冲星真得太暗了，我们并不能看到上图那么明显的线。更不用说大多数时候我们的望远镜根本就没对准某颗脉冲星。

一般情况下，经过消色散、找周期之后，我们可以找到大量具有一定色散效应的、有周期性的、看着好像是脉冲星信号的候选体。

虽然现在有计算机软件可以帮我们筛选出比较像脉冲星的目标，但最终我们还是需要通过肉眼查看每个候选体相应的参数（一般就是一张结果图），才能做出准确的判断。

毫不夸张地说，看过几万张数据结果图后，能找到一颗未知的脉冲星，就已经很幸运了。

单脉冲

少数脉冲星，它们的辐射由于某种原因断断续续的，导致我们看到的脉冲信号显得没有规律。这时，我们如果用找周期的方法去寻找，往往是找不到的。这类脉冲星，我们只能在消色散过后的数据中，找信噪比大的信号。此前火过一阵的快速射电暴，就是通过在消色散后的数据中寻找单脉冲而找到的。

可以透露的是，500米口径球面射电望远镜也对数据进行了单脉冲的查找，并且已小有收获，敬请期待。

作者：蕉叶

第四部分

发现新技术

第四部分
发现新技术

16 钙钛矿太阳能电池:其实我不含钙,也不含钛

2017年,中国科学院合肥物质科学研究院应用技术研究所孔凡太研究团队在小分子有机空穴传输材料方面取得系列进展。你可能想问,这项读起来很拗口的研究,究竟有什么用呢?

这种材料目前已经被证明在钙钛矿太阳能电池中有非常好的应用潜力。

那么钙钛矿太阳能电池又是什么?

太阳能电池是一种可以直接把光能转化成电能的装置。在追求清洁能源的大背景下,它已经形成了相当大的产业规模。

实际上,太阳能电池的发展过程经历了三个阶段:

第一代太阳能电池主要基于单晶硅。

在荒原上、在沙漠中,大家印象中的太阳能电池板,通常都是用这类晶体硅材料制成的。不过制造高纯硅面临着

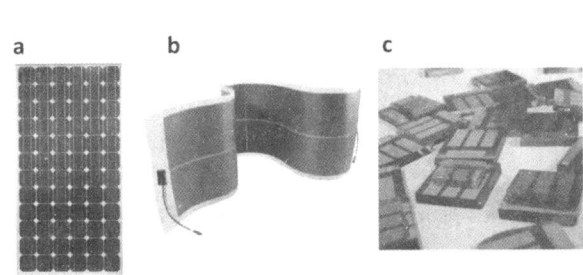

各类太阳能电池(a.单晶硅太阳能电池;b.薄膜太阳能电池;c.钙钛矿太阳能电池)

造价高、耗能高等难题，这严重制约了硅基太阳能电池的商业应用范围。

第二代太阳能电池主要指薄膜太阳能电池。

它以非晶硅、铜铟镓硒薄膜、碲化镉薄膜为代表。这类太阳能电池最大的优点为成本低，缺点是效率低，电池的性能随使用时间的增长而衰退。

第三代太阳能电池，称作新概念太阳能电池，也就是今天要重点介绍的钙钛矿太阳能电池。

其实，我不含钙，也不含钛

人们在开发新材料时有两大重要考量：一个是成本，一个是效率。

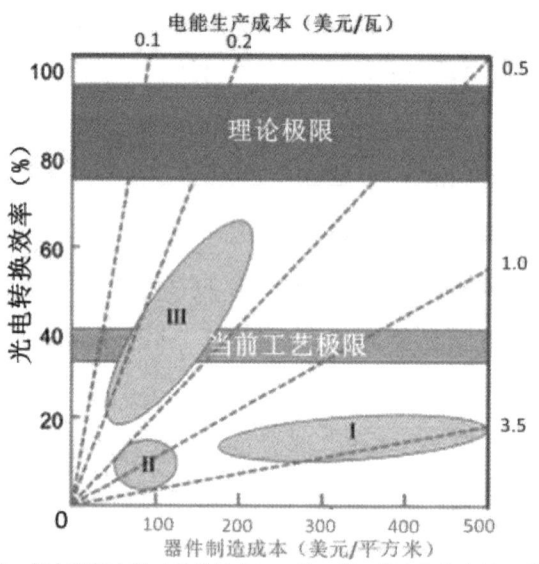

Ⅰ. 第一代太阳能电池（硅片技术）；Ⅱ. 第二代太阳能电池（薄膜技术）；
Ⅲ. 第三代太阳能电池（高效薄膜技术）

🌢 不同类型的太阳能电池的成本与其光电转换效率的关系

从上面这张图可以看出，如果电池的光电转换效率提高到20%以上，电池的供电成本就有大幅度下降的可能。

因此，进一步提高电池的光电转换效率成为第三代太阳能电池发展的关键。

近几年，钙钛矿太阳能电池的研究不断刷新光电转化效率的纪录，目前已经超过22%了。

虽然现在每年光伏产业产能的90%以上都来自晶硅电池，但是由于钙钛矿太阳能电池的优良特性众多，越来越多的人对它青睐有加，源源不断的人力、物力都投入到了相关的研究中，钙钛矿太阳能电池巨大的魅力也逐渐展现在了人们面前。

有趣的是，钙钛矿太阳能电池中并没有钙元素，也没有钛元素。其实，它得名于其中的吸光层材料：一种钙钛矿型物质。

钙钛矿是以俄罗斯矿物学家Perovski的名字命名的，最初单指钛酸钙（$CaTiO_3$）这种矿物，后来把结构与之类似的晶体统称为钙钛矿物质。

钙钛矿太阳能电池中常用的光吸收层物质是甲氨铅碘（$CH_3NH_3PbI_3$）。由于甲氨铅碘既含有无机的成分，又含有有机分子基团，所以人们也将这类太阳能电池称作杂化钙钛矿太阳能电池。

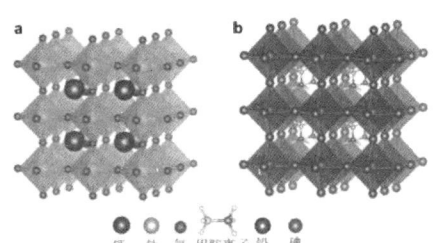

钙钛矿物质的原子结构（a.钛酸钙（$CaTiO_3$）晶体的原子结构；b.钙钛矿太阳能中吸光层物质甲氨铅碘（$CH_3NH_3PbI_3$）晶体的原子结构）

光电转换效率高

想要了解钙钛矿太阳能电池具有高效性能、备受人们青睐的秘密所在，我们就不得不说一说它的光吸收与能量转化的原理了。

这一奇妙的过程大致如下：

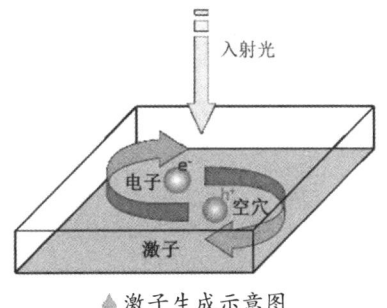

激子生成示意图

太阳光射入到电池吸收层后随即被吸收，光子的能量将原来束缚在原子核周围的电子激发，使其形成自由电子。

由于物质整体上必须保持电中性，电子被激发后就会同时产生一个额外的带正电的对应物，物理学上将其叫作空穴。这样的一个"电子—空穴对"就是科学家们常说的"激子"。

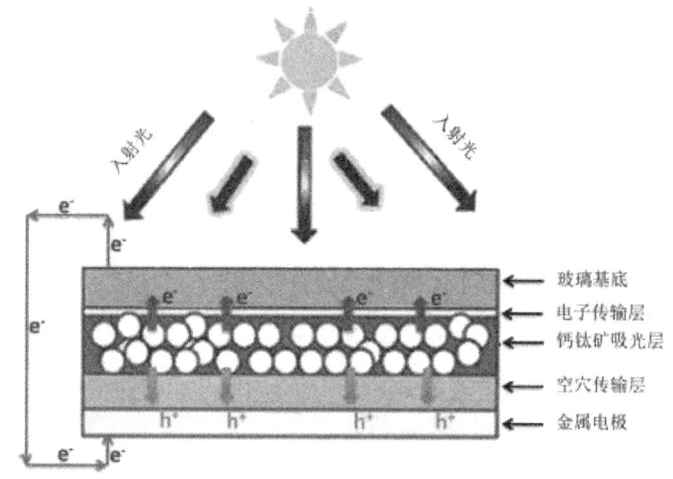

钙钛矿太阳能电池的构造与运行机理示意图

激子被分离成电子与空穴后，分别流向电池的阴极和阳极。

带负电的自由电子经过电子传输层到玻璃基底，然后经外电路到达金属电极。带正电的空穴扩散到空穴传输层，最终也到达金属电极。在此处，空穴与电子复合，电流形成一个回路，完成电能的运输。

钙钛矿太阳能电池把光吸收过程与电流运输过程分离，一种介质只负责运输一种电荷，避免了硅基、薄膜太阳能电池中载流子复合率高、寿命短的缺点，所以钙钛矿太阳能电池具有高效的光电转换效率。

将钙钛矿作为光吸收材料，不仅可以大大减小所需材料的厚度，同时还能保持较好的光吸收能力。

就光吸收层厚度而言，第一代和第二代太阳能电池分别需要大概 300 微米和 2 微米的厚度，而钙钛矿太阳能电池的厚度不到 0.4 微米。钙钛矿太阳能电池以不到0.4微米的光吸收层，获得超过20%的光电转换效率，并且它的吸光系数很大，吸光能力比传统染料高一个数量级，对从紫外到近红外的光子都具有良好的吸收能力。

另外，钙钛矿太阳能电池是一个三元组分的材料，在ABX每个位置上共有3种元素可以选择，所以这种材料有着无限的可操控空间，这种结构也有着无限的可能性。

没有完美的材料

虽然钙钛矿太阳能电池有着许许多多的优点，但是它也不是完美的。我们必须面对它的不足之处，这样才有利于我们今后改进工作。

首先，目前人们还没有解决此类电池的不稳定性问题。

传统晶硅电池寿命一般可达到25年，而2009年第一块钙钛矿太阳能电池的寿命只有3分钟。钙钛矿太阳能电池发展到现在，其寿命也仅为1000小时。

随着钙钛矿太阳能电池的效率取得了突破性进展，人们越来越认识到电池的稳定性是其能否大规模民用化应用的决定性因素。

其次，此类电池有毒。

现在性能最好的钙钛矿电池材料都含有铅，这是一种对人体和环境有极大危害的元素。在电池使用的过程中铅可能会渗出，污染水源和土壤。

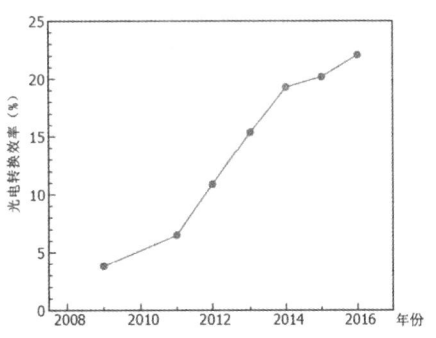

历年来钙钛矿太阳能电池光电转换效率的迅猛增长趋势

最后，目前实验室里制造的大部分钙钛矿太阳能电池的尺寸都很微小，最大的也仅几平方厘米，很难生产较大的连续膜，导致制备这类电池大面积

器件受阻。

虽然钙钛矿太阳能电池的研发遇到了诸多困难,但是近几年这一领域的快速发展,使其开始初步显示出潜在的商业前景。

钙钛矿结构材料自2009年首次应用于光伏技术以来,短短六七年,在广大科研人员的努力下,它的光电转化效率就已经从3%提高到了22%。

有科学家预测,以新型钙钛矿为原料的太阳能电池的转化效率或可高达50%,为目前市场上太阳能电池转化效率的2倍。这将大幅降低太阳能电池的使用成本。也难怪世界顶级学术杂志《科学》会把钙钛矿太阳能电池评为2013年度国际十大科技进展之一。

究竟钙钛矿太阳能电池的光电转换效率能否达到理论预估的50%呢?钙钛矿太阳能电池距离真正的民用还有多远?能否如同硅晶太阳能电池那样得到广泛使用呢?让我们拭目以待吧。

作者:林风

● 第四部分 发现新技术

17. 我是谁？我是黄连，我居然能改善脂肪肝以及肥胖症状

大家可能对我的名字感到既熟悉又陌生，我也想跟大家聊聊我的身世。近期，中国科学院上海生命科学研究院发表了一篇文章，说我能够改善脂肪肝及肥胖症状。那我就借机好好介绍一下自己，希望大家能认识我。

我第一次被大家记录下来，有了自己的名字，已经是很久之前的事情了。我得好好想一下，对了，大约是秦汉时期，也就是2000年之前，在《神农本草经》里面能最先找到我的名字。

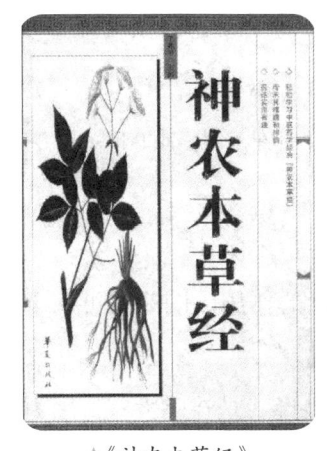

《神农本草经》

但说实在的，我并不喜欢我的名字，干嘛叫我黄连呢！我找了个机会去问给我起名字的人，他对我说："你的根茎呈现连珠状，而且又是黄色的，我也是为了让大家记住你，才给你取名叫黄连；另外，如果有人看你不顺眼，想一口吃了你，那么就得'祝贺'他，你是很苦的，他吃了你，他也会很难受。"

我年轻的时候，还是意气风发的，关键是我还有很多"头发"，非常活泼帅气，整天和其他植物搭讪。

但是，岁月不饶人，当我变老了，我的相貌也发生了很

大改变，外表变得很粗糙，有时候还像一个鸡爪。另外，更奇怪的是，我变得更矮了，据好心人帮我量身高，只有10厘米左右。我对此很伤心，"人"变老，身高也变矮，这对我太不公平了。

幼年时期的黄连

但是，我也听别人说，当上帝给你关上了一扇门，同时也会给你打开另一扇窗。听到这个，我很欣慰，因为事实的确如此。我能起作用的，主要是老的时候。

我不是什么地方都能去。我喜欢待在山区，这貌似与现代的都市生活格格不入。同时，如果湿度大一点、温度低一点，我就能长得更好。我非常害怕长时间的太阳暴晒，

成熟时期的黄连

这样对我的身体不好。我喜欢在阴暗的地方待着，过着小日子。

另外，我是毛茛科家族的一员，有好多兄弟姐妹。他们分别叫雅连、云连、峨眉黄连等，长得跟我挺像。

人活在世上，总是要为社会做出一点贡献的，我也不例外。

以前，中医总说："黄连有清热燥湿、泻火解毒的作用，同时还可用于治疗温病高热、口渴烦躁、血热妄行，以及热毒疮疡。"

但说实在的，这些作用大家不太好理解，还有人说我是在骗大家，因为没有证据显示我有这些效用。

我到底有没有用呢？科学家说："这需要系统化的研究才能下结论。"

幸运的是，科学家确实找到了我有用的证据。科学家还把我的作用说得更容易让人懂了。比如，我有抗菌、抗原虫、抗病毒、对心血管有益等作用。

另外，可能大家还不知道，我有众多的子女。在这里我只能重点介绍几

个,它们分别是大儿子小檗碱、二儿子黄连碱、三儿子甲基黄连碱、四儿子掌叶防已碱,其他的子女这里就不一一介绍了。

最令我引以为豪的是大儿子和二儿子。我的主要功能都是通过他们来实现的。我不能居功自傲,掩埋了他们的效用。比如,我的二儿子黄连碱具有抗菌、抗病毒、抗原虫的作用,还对心血管有好处。

这几天,中国科学院上海生命科学研究院有一个叫李于的研究员,硬是要给我的大儿子小檗碱做个调查,给他宣传一下,说他具有改善脂肪肝以及肥胖症状的新功能。一开始我还不相信,但是当我看了他的报告后,我深深地折服了。原来我的大儿子还有这样的功效,真是深藏不露。

报告是这样说的:小檗碱可以通过人体肝脏中的一个蛋白质分子SIRT1,增加肝脏自噬的作用,进而下调肝细胞中脂质沉积水平,改善脂肪肝。小檗碱-SIRT1-FGF21作用轴的激活或许可以成为通过促进脂肪组织棕色化和增强能耗来治疗肥胖的新途径。

不过,大家可不要因此去吃治疗腹泻的小檗碱药片来改善脂肪肝哦。因为这方面的研究暂时还没有定论。这只是第一个证明小檗碱在小鼠

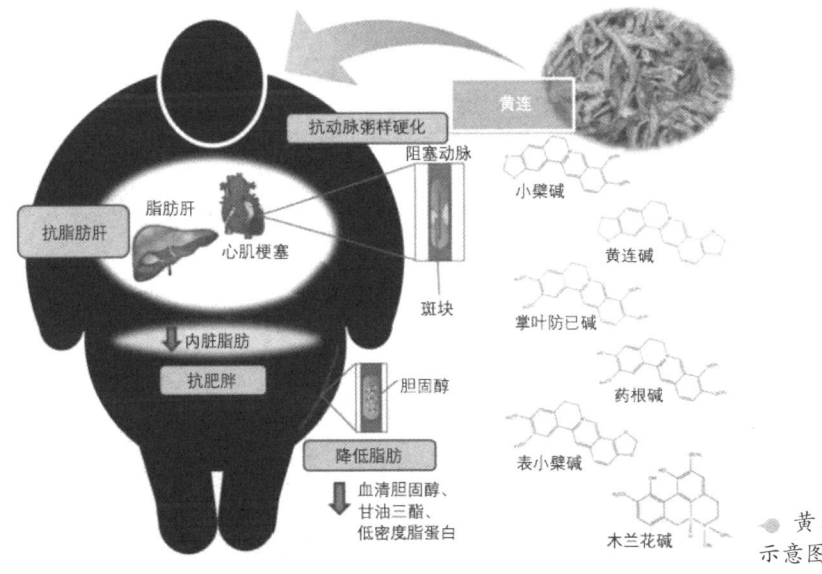

黄连碱功能示意图

体内可以改善脂肪肝性状的研究，临床上还没有相应的实验去支持。但是小檗碱在临床上有应用的潜力，中国科学院上海生命科学研究院会进一步跟进后续实验，看看临床的效果怎么样。我也会及时为大家带来前沿报道。

以上就是我的名字、我的形态、我的爱好、我的作用、我的儿子们以及俩儿子的杰出能力。现在大家对于我，还有什么不了解的吗？

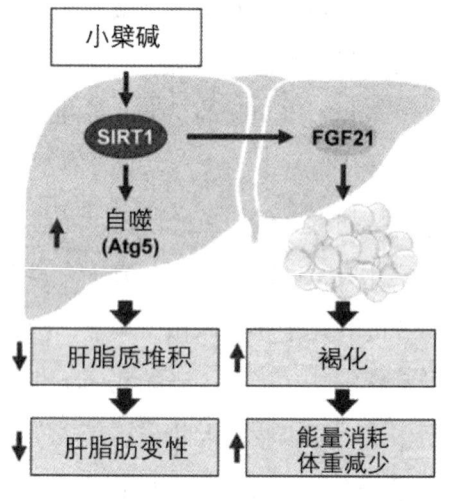

小檗碱新功能作用机制图

作者：刘盼

第四部分 发现新技术

18 熄灯一小时就是环保？能用体温发电的薄膜你了解吗

每当到了"地球一小时"活动时间，不少人希望用关灯 60 分钟的方式唤起大家对环保和能源问题的重视。不过，说到解决能源问题，仅仅靠熄灯怎么够呢？

我们用的电是从哪来的？水电站、火电厂、风电站、核电站……

如果我告诉你，只需要通过一块薄膜，你的体温也能发电，你会惊讶吗？

中国科学院金属研究所研发的高性能柔性热电材料就能做到这一点。

发电、制冷、控温，热电材料全能干

热电材料是一种利用固体内部载流子运动实现热能和电能直接相互转换的功能材料。它的应用很神奇：

1. 如果同时让热电材料的两端接触不同温度的物体，那么会在其内部回路形成电流，温差越大，产生的电流越强。

2. 如果往热电材料中通入电流，会产生冷热两端。这时热电材料既可以用来冷却物体，又可以用来控温。

热电材料的应用不需要使用传动部件，工作时无噪声、无排弃物，对环境没有污染，并且性能可靠、使用寿命长，是一种具有广泛应用前景的环保材料。以热电材料为核心的

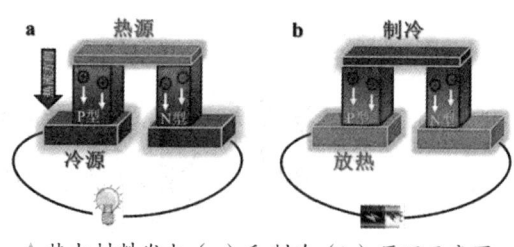

热电材料发电（a）和制冷（b）原理示意图

热电转换技术可以不依靠任何外力就将"热"与"电"两种不同形态的能量直接转换，目前受到科学界和工业界的广泛关注。

特别是近年来以可穿戴式、植入式为代表的新一代智能微纳电子系统应用广泛，迫切需要开发微瓦–毫瓦级自供电技术，以代替传统充电电池，满足其向微型化、高密度化、高稳定性和可靠性发展的技术需求。热电材料因此成为便携式智能电子器件自供电技术的有效解决方案。

两大技术难题

热电材料的启用前景广阔，但是我们在日常生活中却很少见到它，主要是受两大技术难点的制约：

1. 与其他种类的换能形式相比，热电技术的换能效率不高，只有约10%。这严重制约了热电技术产业的发展。热电材料的性能可用热电优值（zT）来衡量，但受本征物理属性的限制，决定热电优值的各个参数相互关联制约，使得热电材料的优值系数难以大幅度提高。

2. 热源与热电材料之间接触不良所导致的热能损失也成为制约现有热电技术发展的关键因素之一。为了保持温差，充分利用热能发电，用热电材料制作的器件必须与热源表面紧密贴合。然而在实际应用中，无论是人体体表还是热源管道，都是具有复杂曲率变化的几何表面。传统无机热电材料，由于其本征脆性，不能满足紧密贴合具有曲率变化的热源表面的要求，使得热

源与用热电材料制作的器件之间的热能损失较多。

柔性热电材料牛在何处

不足一指宽、0.1毫米厚的单片灰色软质薄膜，贴在人体手腕处，所连接的测量电表上立刻显示有明显输出电压，这就是中国科学院金属研究所研发的高性能柔性热电材料。它一次性解决了上述两大技术难题。

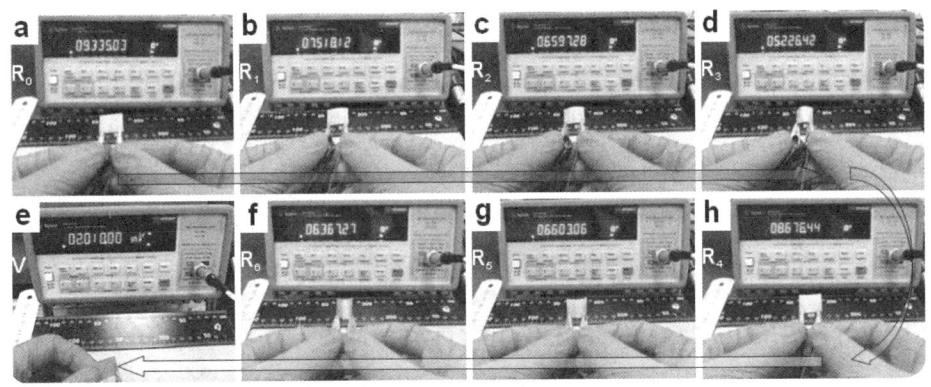

复合柔性热电材料原位弯曲电学性能测试及利用人体体温与环境温差形成的热电压

中国科学院金属研究所邰凯平研究团队首次采用非平衡磁控溅射技术，以纤维素纸为基体，制备出具有微米至纳米多尺度孔隙结构的碲化铋（Bi_2Te_3）复合热电薄膜材料，如下图所示。

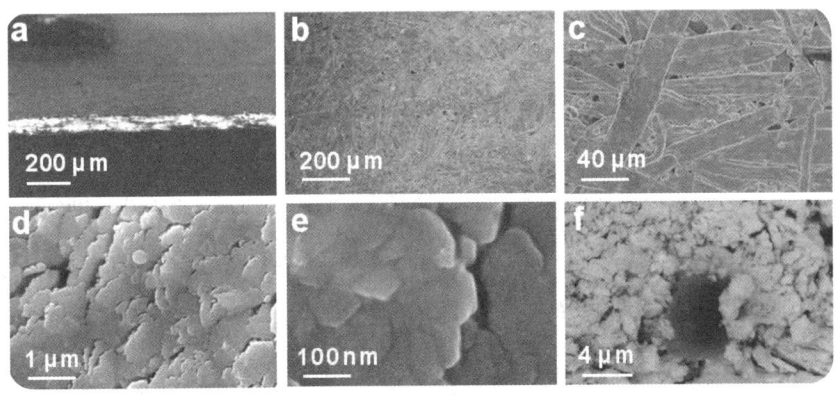

具有微米至纳米多尺度孔隙结构的碲化铋复合热电薄膜材料

这种材料的非凡之处在于：

1. 碲化铋薄膜沉积厚度可达数十微米。碲化铋薄膜与纤维素界面结合紧密，能有效降低薄膜器件的内阻，提高材料有效输出功率。

2. 三维网络结构、微米—纳米多尺度孔隙结构和 Bi_2Te_3 薄膜厚度等赋予该复合材料良好的柔性。

3. 多尺度孔隙结构有效降低该复合材料热导率值，使其接近于碲化铋理论最低值，提高了热电性能。

4. 碲化铋薄膜表面存在本征的氧化层，可散射过滤低能载流子，从而明显提高热电系数、输出电压。

纤维素/碲化铋复合材料室温至473开的热电性能zT值可达0.24—0.38，并有望通过载流子浓度优化而进一步提升。

利用上述新材料制成的薄膜电池，即"柔性、可裁剪碲化铋/纤维素复合热电薄膜电池"，研究人员首次将高性能碲化铋热电材料与低成本纤维素纸进行网络结构复合。它同时具有优异的变形能力，能够充分贴合复杂曲率变化的人体体表，并维持与周围环境的温差，从而提升了热能转换效率，可应用于新一代低功耗微系统供电技术。

研究人员表示，这种高性能柔性热电材料最薄仅为数十微米。通过材料制成的薄膜电池可以回收利用日常生活中随处可见的废热发电，比如利用照明灯灯罩散发的热量或人体体温等。

这么牛的材料不久就能用上了

高性能柔性热电材料能够利用人体体温发电。只要人体体温与环境温度相差15℃左右，就可实现微瓦—毫瓦量级发电量，发电效果随着温差的增大而提高。特别是当人体运动时消耗生物化学能产生热量或是北方地区室外年平均温度低于20℃的时候，发电效果更好。

邰凯平研究团队预计：未来 5 年，这种新材料就可以实现商业化，为蓝牙耳机、健康监测器、手表、智能手环等可穿戴电子设备供电。

此外，利用高性能柔性热电材料实现温差制冷的愿望也不远了。该团队已经成功研发出 Bi_2Te_3 合金薄膜微型制冷器，厚度约为 25 微米，最小面内尺寸约 200 微米 × 200 微米，微区制冷通量可达 40 瓦 / 厘米 ^{2}。该器件在微系统热管理领域具有非常广泛的应用前景，如 CPU 芯片定点散热、微型激光二极管控温等。

人类离不开能源，但也需要优良的环境，如何解决两者之间的矛盾呢？可再生能源是关键。随着热电材料技术的不断进步，除了常见的水能、风能、太阳能等清洁能源外，生活中常见的热能也成为我们取之不尽用之不竭的能源。

作者：邰凯平

19. 室温超导体来了

室温超导是科幻还是现实

在科幻电影《阿凡达》中，人们为了开发潘多拉星球上的宝贵资源，不惜一切代价跑到外星球去，究竟是挖什么宝贝呢？影片是这样描述的：它是一种地球上没有的神奇室温超导矿石。这种室温超导体具有异常强大的力量，以至于依赖潘多拉星球磁场就足以悬浮起含有这类矿石的一座座"哈利路亚"大山，其经济价值无可估量！

人们或许会想，如果在地球上就能找到或者人工合成室温超导体，那么人类或许就没必要远征外星球了。

室温超导体，真的可以有！

2016年3月和6月，著名的科研论文预印本网站arXiv.org先后发表了两篇论文，号称发现了373开的超导体和350开的超导迹象。从科学定义角度看，我们一般认为300开就是室温（0摄氏度相当于273开，300开则相当于27摄氏度）。因此，373开和350开都高于室温，这是否意味着室温超导体就此被发现了呢？

等等，先别高兴得太早！

且不论这两篇论文论述的事件真假与否,在国内外绝大多数超导科学研究人员的眼中,这两篇论文根本不值得一看。换句话说,在任何超导国际会议中,没有一个人会提这件事。

为什么科学家对室温超导体的发现,会反应如此冷淡呢?

我们可从超导体的探索历史中来窥见一二。

超导体是什么

从字面意思上看,超导就是超级导电之意。

超导体导电能力有多强?

在一定温度(定义为超导临界温度)之下,超导体电阻为零。尽管严格意义上的零电阻无法测量出来,但是精确的实验表明,超导材料的电阻率要小于 10^{-18} 欧·米。它的电阻率比导电性最好的金属如银、铜、金、铝等(也是目前电线的主要成分)要整整低了 10 个数量级!

这意味着,在闭合超导线圈中感应出 1 安的电流,需要近一千亿年才能衰减掉,比我们宇宙的年龄(138 亿年)还要长!因此,我们有充分的理由认为超导体在超导态下电阻为零。

第一个超导体——金属汞,由荷兰科学家卡末林·昂内斯等人在 1911 年发现。卡末林·昂内斯因此获得了 1913 年诺贝尔物理学奖。

超导体在形成神奇的零电阻态的同时,还可以使它的磁感应强度也为零!

无论是将超导体先置入外磁场中后降温到超导态,还是将超导体先降温到超导态再放入外磁场中,外磁场的磁感线都无法穿透到超导体内部,超导体具有"完全抗磁性"。该效应于 1933 年被德国科学家沃尔特·迈斯纳发现,又被称为"迈斯纳效应"。

只有同时具有零电阻效应和完全抗磁性这两大神奇物性的材料,才能在科学意义上被称为超导材料。

从微观上来说,超导态是电子的一种宏观量子有序态。超导现象的出现实际上是电子群体"手牵手"配对并凝聚的过程。

尽管我们习惯地认为两个带负电的电子因为库仑作用

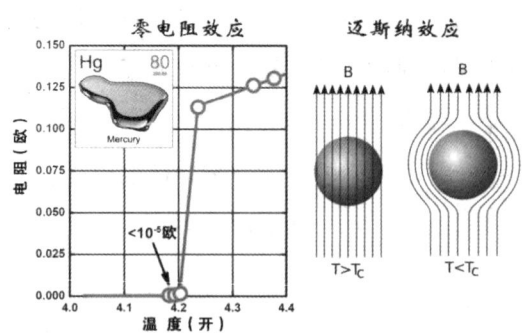

超导的零电阻效应和迈斯纳效应(完全抗磁性)

永远相斥,但是,倘若它们因为某种间接作用而发生微弱的相互吸引呢?那么,原本是冤家的电子将各自寻找合适的伴侣而两两配对,电子对们将在量子力学的效应下实现"步调一致"的行走模式,最终集体凝聚到稳定的低能组态——超导态。

因为配对电子动量相反,所以当其中某个电子受到散射发生能量损失,另一个反方向运动的电子就会受到类似散射发生能量增加,电子对保持能量不损失的状态继续运动,出现宏观零电阻态。而电子对们的集体抱团行为,形成了良好屏蔽效应,磁感线也很难渗透,也就有了完全抗磁性。

超导有什么用

凡是用得上电的地方,都有超导的用武之地。

超导输电可以节约目前高压交流输电技术中15%左右的能耗。超导变压器、发电机、电动机、限流器以及储能系统可以使电网和电机高效运行。利用超导线圈制作的超导磁体具有体积小、磁场高、均匀性好、耗能低等优势,是高分辨核磁共振成像、基础科学研究、人工可控核聚变等关键技术的核心。

欧洲大型强子对撞机上的9300多个超导磁体,就是发现希格斯粒子必不可缺的大功臣。

与常规磁悬浮技术相比，超导磁悬浮列车更为高速、稳定和安全，是未来交通工具的重要明星之一。

超导还具有许多复杂有趣的微观量子效应。利用超导电流的量子干涉效应制备的超导量子干涉仪，对外磁场感应极其敏感，是目前世界上最灵敏的磁测量仪器。基于超导量子干涉仪制备的超导量子比特，是未来量子计算中最重要的量子单元。基于量子力学原理实现的高性能计算，将在世界上掀起一场新的信息革命。

快速、稳定、高效的超导磁悬浮列车

超导材料阻抗性能好，利用超导体替换常规金属做微波器件，具有信噪比高、带边抑制明显、带宽控制灵活等优势。也许你使用的智能手机，其通信基站就用到了超导滤波器。这些高性能微波器件同样在军事设备、卫星通信、航空航天等领域应用甚广。

超导材料的探索之路

超导长期以来都是基础物理研究中的一个重要前沿领域。自1911年4月8日，第一个超导体——金属汞被发现存在4.2开的超导电性以来，物理学家发现了大量单质和合金超导体，但是它们的超导临界温度都很低。70多年过去了，研究人员探索到的最高临界超导温度的化合物是Nb_3Ge，超导临界温度为23.2开。

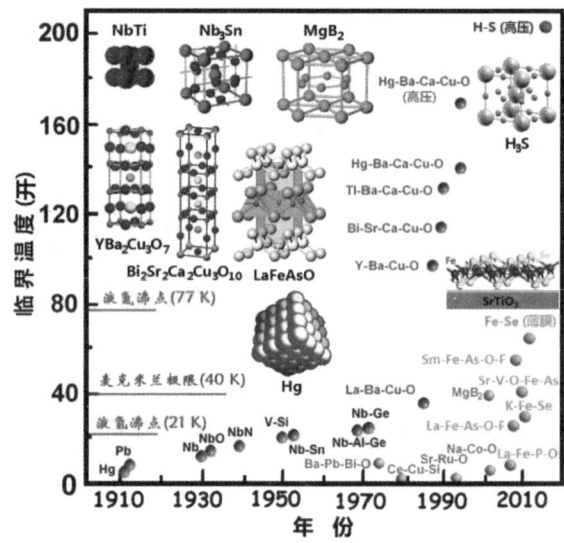

典型超导材料发现的年代和临界温度

如此低的超导温度意味着实现超导应用必须依赖于昂贵的低温液体——如液氦等来维持低温环境。这导致超导应用的成本急剧增加，维持低温的成本甚至远远超过了材料本身的价值。寻找更高临界温度，特别是液氮温区（77开）以上的可实用化超导材料，成为研究人员探索的重要目标。

1986年，瑞士苏黎世IBM公司的柏诺兹和缪勒在铜氧化物体系中发现了35开的超导体。在中、美等国科学家的推动下，该纪录在五年内不断被刷新。于1994年左右，研究人员创造了常压下135开、高压下164开的铜氧化物体系超导临界温度新纪录。然而，铜氧化物高温超导材料属于氧化物陶瓷，缺乏柔韧性和延展性，容易在承载大电流时失去超导电性而迅速发热，应用起来存在许多技术难度。而且，其物理性质极其复杂，难以用现有理论解释。寻找新型的高温超导体，势在必行。

2008年2月23日，日本科学家报道了铁砷化物体系中存在26开的超导电性。在中国科学家的努力下，这类材料的超导临界温度很快就突破了40开，在块体材料中还实现了55开的高温超导电性。新一代高温超导家族——铁基超导就此诞生。只是，这类超导体大都含砷或碱金属，不仅有毒，而且对空气敏感，应用方面同样存在不少局限性。

高于40开以上的超导体又被称之为高温超导体，铜氧化物和铁基超导体是目前发现的仅有的两大高温超导家族。

此外，人们还在单质金属、合金、氧化物、甚至有机物中发现了超导电性。人们一直渴望寻找到室温下的实用超导体。关于室温超导的梦想，人类一直没有间断过！

室温超导有可能实现吗

寻找室温超导之路是十分艰难坎坷的，百余年来，无数材料科学家付出了许多心血。近年来，几乎平均每个月都有新超导体被发现。这些超导体有的被后续重复实验证实，有的则无法重复实验，有的是乌龙事件，还有的是学术造假行为。

可见，尽管大部分科学家都坚信室温超导体的存在，但真正要100%确认一个室温超导体，不是一件容易的事。

和实验物理学家的小心谨慎不同，理论物理学家的预言往往比较大胆。在不违反已知物理原理的基础上，理论预言可能的室温超导体还是不少的，其中典型代表之一是金属氢。

我们知道，氢在常压下为气体，倘若不断对其施加高压，氢会被液化，而后固化，再进一步压缩氢原子之间的间距，最终它会变成金属化的氢。金属氢具有非常高的热振动能量，可以提供高温超导电性形成所需要的媒介，很可能就是室温超导体。

实验物理学家不断努力地改进实验装置，通过金刚石对顶压砧把压力提高到了325万个大气压，固态金属氢终于在2015年被成功制得。如此高的压力，已经接近地心内部压力（约360吉帕）了，这时氢分子早已被打断成了单个氢原子,但令实验物理学家郁闷的是始终没有发现氢的超导电性。

十分有趣的是,包括中国研究人员在内的科学家还从理论上预言氢的化合物 H_2S-H_2 体系在高压下可能实现 191 开的高温超导,将突破铜氧化物 164 开的超导临界温度纪录。

同在 2015 年,德国科学家 A.P. Drozdov 等人宣称在硫化氢中发现了 203 开的超导电性,距离 300 开的室温,几乎一步之遥。只是,超导条件同样非常苛刻——要在 200 万个大气压下才可以实现。实验技术难度非常之大,要在低温状态下把极其容易爆炸的硫化氢通入金刚石压砧装置,还要在超高压下测量其电阻和磁化率。该论文于 2014 年 12 月 1 日贴到预印本网站 arXiv.org,历经半年之久才投稿到了《自然》杂志上。

据说,为了避免前车之鉴,这半年时间内,《自然》杂志预先请了一个专家团到德国的实验室去,要求查看所有的原始实验记录,并实地重复出实验结果。在保证零电阻结果可靠性之后,专家团还要求他们进行了完全抗磁性的测量,最终确立了 200 开以上超导的准确性,才允许他们投稿。《自然》杂志编委花了近一个月的时间审稿才接收该论文。

后来,论文中的若干现象被日本和中国科学家重复实验证实,科学界才慢慢接受这个结果。200 开超导,看上去很美,但在如此高压下却难以实用。至此,寻找常压下的实用型室温超导体,仍然是个梦。

室温超导之路漫漫,其修远兮。

期待真的有室温超导被发现的那一天,或许那时,我们可以在家里舒舒服服地躺在室温超导磁悬浮沙发上休息,也可以午饭后坐上时速 3000 千米以

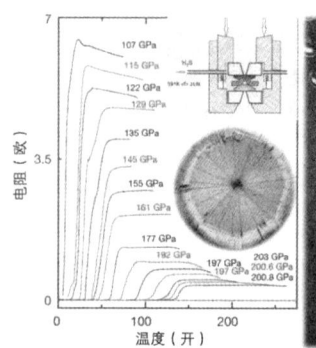
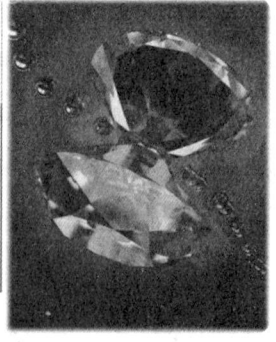

▲ 硫化氢在高压下超导和金属氢的高压制备

上的真空管道超导磁悬浮列车去巴黎的广场喂鸽子，还可以在办公室随时弄一台核磁共振成像仪监测身体内部的变化。

毕竟，梦想还是要有的，万一哪天实现了呢？

未来概念家居——室温超导磁悬浮沙发

作者：罗会仟

科学家，怎么对表

对表，用行话说就是时间比对。

目前，应用最广的时间比对方法是共视时间比对。它可以实现两个地方原子钟之间纳秒级的时间比对。

其实，早在公元前一百多年，人们就掌握了共视时间比对的方法，那时候共视的媒介是月亮。后来，随着技术的发展，共视媒介发展到木星、流星、卫星等，精度和方便性也逐步提高。

这里，我们用一个不太真实的故事给大家展现真实的科学道理。

"但愿人长久，千里共婵娟"，苏轼的这句诗流传千古。不知诗人是否知道，这句诗说出了共视时间比对的真谛——两个地方看同一个物体。

张家村的张三要和李家村的李四对表，他们怎么才能实现呢？张三拿上表，跑到李四家里，把两个表放在一起，直接比较表上的读数就可以了。这是最笨的对表方法。与此同时，张三去对表这段时间，张三的家人就看不到时间了。想到这些问题，张三就不想去对表了。

多亏有古希腊的学者喜卡珀斯，他在公元前160年就为张三想好了对表的方法。他说："利用共视的方法对表很方便,根本没有那么麻烦,你们即使不见面也能对表。"

在月食发生的时候,张三和李四同时观看月食,等月食开始的那一刻,两个人都记录自己的表的时间。张三记录的时间是9时。他写了一张纸条,叫自己的大黄狗把纸条送到李四家里。李四发现月食开始时自己的表显示的时间是8时,并且他的表记时是准确的。因为张家村和李家村的月食是同时开始的,所以李四通过时间比对就知道张三的表快了1小时。

共视时间比对要观测同一个天象

这就是共视时间比对的方法,两地分别记下观察到一个现象的本地时间,然后通过彼此交换数据就可以实现两地的时间比对。这里,月食什么时候发生不重要,重要的是月亮的光线同时到达张三和李四处,并且两个人记录的发生月食的时间是相同的。

张三和李四很高兴,因为他们找到了一种测量地球经度的方法。地球24小时转360°,1小时转15°。他们两个都把太阳最高的时刻定为中午12时,并运用共视的方法测得两个地方本地时间的偏差,通过简单的运算就可以知道两个地方的经度差。

但是,没过多久,张三和李四就发现新问题了。月食发生的次数太少,他们需要等一年甚至两年才能对一次表。

意大利科学家伽利略解决了这个问题。伽利略在公元1622年想到了解

决该问题的办法,他不用月食,用木星的卫星食作为共视的媒介。

木星有4颗卫星,这四颗卫星以很高的速度绕着木星公转。木星的卫星一年要发生1000多次卫星食,因此平均每天会发生2次或3次卫星食,而且这种卫星食具有一定规律。伽利略编制了近似准确的木星卫星食发生的时间表,供人们使用。

● 木星的卫星食也是共视的一种媒介

这解决了张三和李四的对表问题。虽然木星的卫星在海上很难观测,但在陆地上,伽利略的方法是可以用的。后来,巴黎天文台采用这种方法在地球上观测各地的经度,取得了极大的成功。

在用共视方法进行对表的过程中,张三和李四也没闲着,他们一直在关注共视方法的发展,其间发生了两个大事件。

第一个大事件发生在19世纪中叶,天文学家用流星作为共视媒介,测量了相距480千米的意大利的西西里岛和莱切之间的经度差,精度为4角秒。

第二个大事件发生在1955年到1958年,美国华盛顿的海军天文台和英国特丁顿的国家物理研究所同时测量华盛顿的WWV电台时间信号。海军天文台测量WWV时间与世界时的偏差,国家物理研究所测量WWV时间与他们新研制的铯原子钟时间的偏差,相减就得

● 流星也是共视的一种媒介

到世界时与铯原子钟时间的偏差。根据共视测量结果,人们就知道世界时的秒长和原子时的秒长的对应关系,把原子时的秒长定义为铯原子能级跃迁9192631770周所持续的时间。这就是现在秒的定义的来源。

张三和李四还关注到共视媒介的变化,如罗兰C、广播电视、脉冲星的脉冲等。1978年,全球定位系统投入运行后,他们一下子惊呆了,因为全球定位系统作为共视媒介,可以将时间传递精度提高到3纳秒左右。这完全超出了他们的想象。

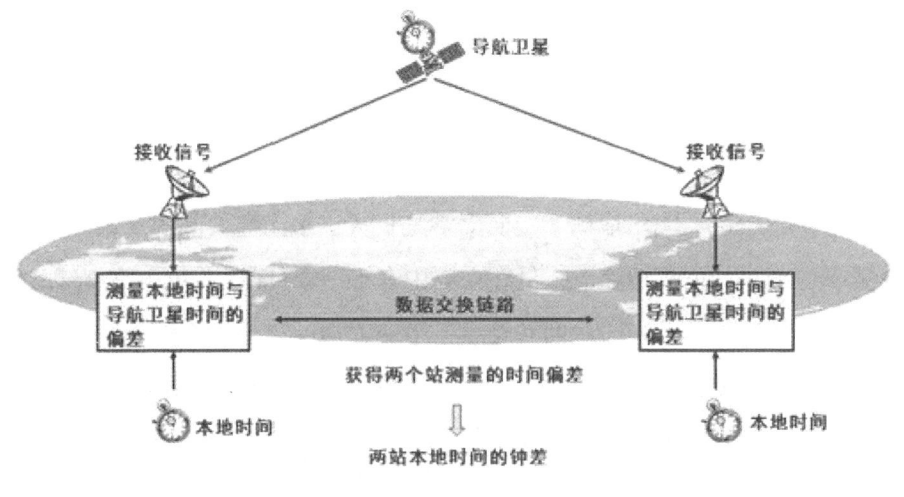

导航卫星共视

全球定位系统卫星发射的信号在发射和接收端有一个明确的路径,并且可以修正得基本相同。它是非常理想的共视参考信号。全球定位系统共视的性能比以前使用的罗兰C共视的性能提高了20—30倍。全球定位系统共视技术一出现就被计算协调世界时的国际权度局所采用。一直到今天国际权度局都在使用这种方法。

张三和李四深信,随着科技的发展,必然会出现精度更高的共视媒介,共视时间比对的精度将会越来越高。

作者:李孝辉

太空快递谁来送？世界货运飞船大盘点

飞出地球、走向太空是长久以来人类共同的梦想。空间站的出现让航天员在太空中有了一个可以长期停留的家。

但是，空间站这个"太空大房子"的正常运转，需要各方面的补给。例如，宇航员要想在空间站中长期生活和工作，需要水、食品、氧气等生活必需品，需要用到各种实验设备；空间站本身的正常工作，需要定期获得各类设备备件、补充燃料和气体；空间站中产生的各类废物，不能直接抛弃在太空中，需要运出空间站并加以销毁……

而为"太空大房子"吐故纳新的，就是我们今天要讲的主角——货运飞船。

那么，人类历史上，已经发射或即将发射的货运飞船，是如何去太空"送快递"的呢？

"进步"号货运飞船

人类空间站技术的先驱是苏联的"礼炮"（Salyut）系列空间站。

在礼炮空间站设计初期，苏联的设计师们就意识到了为太空中长期执行任务的宇航员提供补给的重要性。

20世纪70年代中期，设计师们研制"礼炮-6号"空间站时，愈发认识到补给问题的需要。他们决定以载人的"联盟号"飞船为基础，设计出一种只运载货物、不搭载宇航员的货运飞船，并将其命名为"进步号"。

"进步号"飞船

"进步号"飞船采用了与"联盟号"飞船相同的三舱式结构，不同的是，"联盟号"飞船中供宇航员使用的轨道舱和返回舱被改为存储不同货物的舱段。

处在"进步号"飞船最前部的轨道舱被认为是货物舱，用来存储各类货物。当"进步号"与空间站对接后，空间站的宇航员会穿过对接舱口进入货物舱，将送来的"快递"搬出。之后，他们再将空间站需要抛弃的废物转移到货物舱中。在飞船返回大气层的过程中，这些废物将随飞船一同烧毁。

位于"联盟号"飞船中部的返回舱被改为"进步号"飞船的补给舱。这里贮存着给空间站补充的燃料、氧化剂和水。"进步号"飞船的货物舱和补给舱一次总共可以运输约2.3—2.5吨货物。当"进步号"飞船与空间站对接后，补给舱里存贮的燃料通过对接环上的液体连接器转移到空间站的推进系统中。

1978年1月20日，第一艘"进步号"飞船发射升空，与"礼炮-6号"空间站成功对接。此

与国际空间站对接的"进步号"飞船

后40年间，"进步号"飞船经过多次改进，产生了"进步-M"飞船、"进步-M_1"飞船、"进步-M_2"飞船等改进型号。

目前，"进步号"飞船成为国际空间站补给工作的主力军。

值得一提的是，由于国际空间站工作的轨道上仍然有稀薄的大气，国际空间站会在大气阻力的作用下逐渐降低轨道高度。如果放任这个过程继续，国际空间站就会坠落到地面上。

"进步号"飞船的推进舱除了给飞船自身的飞行提供动力外，还可以在与国际空间站对接后利用自身推力提高空间站的轨道高度。

"进步号"飞船由"卖家"俄罗斯航天局从哈萨克斯坦拜科努尔航天基地"发货"后，乘坐火箭来到太空之中，一般在2天之后才能到达"买家"国际空间站手中。2012年8月，在"卖家"采用了新的交会对接方案后，"买家"只需6个小时就可以收货了。不过，地面上雨、雪等不便送货的天气会使"快递"的配送延误。如果空间站碰到需要躲避太空垃圾的情况，或者"进步号"飞船本身出现问题，太空物流的时效就会受到影响。这时，"进步号"飞船就会退回到2天的时效水平。

▲ 发射"进步-M"飞船的"联盟-U"火箭正在起竖

龙飞船

受益于航天飞机强大的运载能力，美国在国际空间站运行初期并没有开发专用的货运飞船。

在航天飞机退役后，美国的宇航员不得不购买俄罗斯"联盟号"飞船八千万美元一张的船票去往空间站，而货物运输的任务，则由商业轨道运输项目支持下开发出的两种货运飞船来执行。

第四部分 发现新技术

龙（Dragon）飞船来自于埃隆·马斯克领导的 Space X 公司，它既能无人飞行搭载货物，又可以在未来增加载人飞行的功能。

龙飞船由两个舱段组成，位于飞船前方的锥形加压舱用来运输一般的补给品。位于飞船尾部的非加压舱，用来运输安装在空间站外部、不需要运进空间站加压环境内的货物。

龙飞船

例如，龙飞船第二次前往国际空间站执行任务时，为国际空间站的辐射散热系统送去了一些新备件。这些备件由宇航员在太空行走时直接安装在国际空间站的相关部分。

被国际空间站机械臂捕获的龙飞船

和"进步号"飞船相比，龙飞船有一项独门绝技，就是能通过加压舱运载比较多的货物返回地球。

长期进行各类空间科学实验是空间站的重要功能。实验中获得的样品一般要运回地面的实验室中进行分析。

前面提到的"进步号"飞船，其早期型号只能将空间站的垃圾在大气层中销毁，不能把有用的货物运回地面。

返回地面后被回收的龙飞船加压舱

"进步号"飞船后期改进型号，虽然通过附加"彩虹号"返回舱获得了 150 千克的下行运载能力，但相比空间站的需求来说仍然显得不足。这时候，龙飞船的优势就充分体现出来了。

龙飞船的加压舱，一次可以携带3吨左右的货物返回地面，是目前货运飞船中下行运载能力最强的飞船。

秉承Space X一贯的可重复利用设计理念，返回地球的加压舱也能够被多次重复利用。

未来，龙飞船的载人型号出现后，宇航员们生活的舱段将由加压舱改造而成，一次飞行可以搭载7名宇航员，而从空间站搬走垃圾的任务，则由非加压舱来完成。

除了这两种飞船之外，参与国际空间站计划的国家还设计了其他几种货运飞船。它们之中，有美国的"天鹅座"飞船、欧空局的"ATV"飞船和日本的"HTV"飞船。日本还计划以"HTV"飞船为基础发展本国的载人航天任务。

◊ "天鹅座"飞船

◊ "ATV"飞船

◊ "HTV"飞船

来自中国的"天舟一号"货运飞船

2016年下半年，"天宫二号"的成功发射以及所搭载的一系列科学实（试）验的有序开展、与"神舟十一号"飞船的顺利交会对接，标志着我国全面进入空间实验室和空间站任务的实施阶段。

为了未来实现宇航员在空间实验室的长期驻留和各项空间科学实（试）验的实施，货物补给就显得尤为重要。

作为空间站运行的必要助手,我国的第一艘货运飞船——"天舟一号",于 2017 年 4 月 20 日成功发射。它是一艘全密封的货运飞船,由货物舱和推进舱两个舱段组成,拥有与"天宫二号"空间实验室交会对接、推进剂在轨补给、开展空间科学实验和技术试验等功能。

据报道,它的上行货物运载能力为 6.5 吨,还能为空间站补给 2 吨燃料,运输能力居于国际前列。

"天舟一号"飞船本次上天的重要任务,就是与"天宫二号"进行三次交会对接。2017 年 4 月 27 日,"天舟一号"飞船成功完成与"天宫二号"的首次推进剂在轨补给试验。这标志着"天舟一号"飞船飞行任务圆满成功。

"天舟一号"飞船除了进行推进剂在轨补给试验外,还会测试货运飞船对组合体的控制能力,以及进行相关的空间科学实(试)验。"天舟一号"飞船共搭载了包括非牛顿引力实验验证、主动隔

厂房内的"天舟一号"飞船

振关键技术验证、两相系统实验平台关键技术验证以及多项微重力对细胞增殖和分化影响等十余项科学实(试)验。

2017 年 9 月 12 日,"天舟一号"飞船与"天宫二号"进行第三次对接,验证自主快速交会对接技术。这是一个比较新的试验项目。这项技术突破以后,包括载人飞船和货运飞船都可以使用这项技术进行快速对接。9 月 17 日 16 时 15 分,在经过近 5 个月的飞行后,"天舟一号"飞船按计划与"天宫二号"空间实验室完成分离,并继续开展离轨前的拓展应用和相关试验。

这一系列任务的完成,标志着我国的载人空间站计划又向前迈进了一大步。

作者:李会超

图书在版编目（CIP）数据

　　解读新发现 / 赵宏洲，罗兴波主编. -- 杭州：浙江教育出版社，2019.9
　　（科学文化素养丛书）
　　ISBN 978-7-5536-8800-8

　　Ⅰ. ①解… Ⅱ. ①赵… ②罗… Ⅲ. ①科学知识－青少年读物 Ⅳ. ①Z228.2

　　中国版本图书馆CIP数据核字（2019）第085019号

科学文化素养丛书　解读新发现
KEXUE WENHUA SUYANG CONGSHU JIEDU XIN FAXIAN

本册主编　赵宏洲　罗兴波

责任编辑：傅文文	**美术编辑**：曾国兴
特约编辑：郭贝妮	**封面设计**：杭州林智广告有限公司
责任校对：池　清	**责任印务**：曹雨辰

出版发行：浙江教育出版社
　　　　　　（杭州市天目山路40号　邮编：310013）
图文制作：杭州林智广告有限公司
印刷装订：浙江新华数码印务有限公司
开　　本：710 mm×1000mm　1/16
字　　数：175 000
印　　张：8.75
版　　次：2019年9月第1版
印　　次：2019年9月第1次印刷
标准书号：ISBN 978-7-5536-8800-8
定　　价：30.00元

版权所有·翻印必究
网　　址：www.zjeph.com
如发现印、装质量问题，请与承印厂联系。联系电话：0571-85155604